Come Here Go Further

英语的奇迹属于孩子

孩子的奇迹超越英语

阅读在英语学习中扮演着重要角色，尤其是对正在成长中的中小学生，学会阅读英语不仅是他们形成语言能力的重要途径，也是促进其身心全面发展的重要基础。为此，广大中小学都应努力创造条件，尽早推动并指导学生开展英语阅读。

小学英语分级阅读教学：意义、内涵与途径

王蔷 敖娜仁图雅
罗少茜 陈则航 马欣/著

外语教学与研究出版社
北京

图书在版编目（CIP）数据

小学英语分级阅读教学 ：意义、内涵与途径 / 王蔷等著. -- 北京 ：外语教学与研究出版社，2017.3（2024.12 重印）
（英语可以这样学）
ISBN 978-7-5135-8583-5

Ⅰ. ①小… Ⅱ. ①王… Ⅲ. ①英语－阅读教学－教学研究－小学 Ⅳ. ① G623.312

中国版本图书馆 CIP 数据核字（2017）第 053548 号

出 版 人　王　芳
策划编辑　许海峰　刘秀玲
责任编辑　刘秀玲
封面设计　许　岚
出版发行　外语教学与研究出版社
社　　址　北京市西三环北路 19 号（100089）
网　　址　https://www.fltrp.com
印　　刷　北京盛通印刷股份有限公司
开　　本　787×1092　1/16
印　　张　15
版　　次　2017 年 4 月第 1 版　2024 年 12 月第 14 次印刷
书　　号　ISBN 978-7-5135-8583-5
定　　价　45.00 元

如有图书采购需求，图书内容或印刷装订等问题，侵权、盗版书籍等线索，请拨打以下电话或关注官方服务号：
客服电话：400 898 7008
官方服务号：微信搜索并关注公众号“外研社官方服务号”
外研社购书网址：https://fltrp.tmall.com

物料号：285830001

Preface
前言

随着经济全球化和社会信息化的加速发展，我国改革开放的不断深入，英语的重要性愈发凸显，我国的少年儿童开始越来越早地接触英语。特别是在 2001 年《全日制义务教育普通高级中学英语课程标准（实验稿）》（中华人民共和国教育部，2001）（以下简称《标准》）颁布之后，明确了在义务教育阶段开设英语课程的必要性，规定从小学三年级实施英语课程（很多发达地区则从小学一年级起实施英语课程）。《标准》对中小学生的英语阅读能力提出了循序渐进的要求，并规定了各个级别的阅读目标。《标准》也对各个级别提出了相应的阅读技能的要求，其中对除教材外的课外阅读量提出了量化要求：三级 4 万词以上，五级 15 万词以上，六级 20 万词以上，七级 30 万词以上，八级 36 万词以上，最终到达九级时，学生要有广泛的阅读兴趣及良好的阅读习惯。这些都表明，提高学生的英语阅读能力是英语课程的基本要求之一。但英语课本所提供的阅读量有限，而真正的阅读能力不可能完全通过课堂教学来培养，学生需要补充适合不同阶段的认知发展需求、语言发展水平、题材和体裁丰富的读物，特别是要能够在教师的指导下，逐步发展各种阅读策略，养成良好阅读习惯，以达到《标准》

在英语阅读内容和阅读能力两方面提出的要求。

同时，广大教育工作者和家长也越来越意识到阅读对提高少年儿童英语能力和兴趣的重要性以及对儿童身心发展的深远影响。为了满足他们的英语阅读需求，市面上出现了各种英语读物，其中也不乏直接从国外引进的分级读物。但国外英语分级阅读标准通常都是针对英语为第一语言的学习者，对建立我国中小学生英语分级阅读体系虽然具有借鉴意义，但直接引入国外英语分级标准显然不能适应我国少年儿童英语学习能力发展的需要。目前也尚未有机构或个人立足于国内少年儿童学习英语的过程和特点，对英语分级阅读的标准、引进版分级读物的适用性、英语分级阅读教学的具体实施等进行过系统的研究，这一领域尚属空白。所以研发一套科学且适合我国中小学生英语发展需要的分级阅读标准体系成为当务之急。

分级阅读标准不仅是一套对选择内容有指导意义的标准，而且是一个根据中小学生阅读能力发展规律制定出的能力水平标准。为了让分级阅读标准落实到实际应用，需要以此标准为基础确定分级阅读主题，制定出一份分级阅读参考书目，方便教师为学生挑选适合的读物。由于分级阅读教学在我国仍处于发展阶段，教师对于教学理念理解不足，教学方法也尚未掌握，因此，还需要探索和开发适合我国国情、可操作的中小学生英语分级阅读教学法和教学方案，以确保分级阅读教学能够在英语课堂中实现。

鉴于以上情况，我们在 2011 年启动了“中国中小学生英语分级阅读体系标准研制”课题。课题旨在通过研究与开发符合我国中小学生能力发展规律的英语分级阅读体系标准，提升我国中小学生英语阅读素养以及与阅读相关的其他各项综合能力，并指导英语阅读教学。具体研究内容包括：

1. 我国中小学生英语分级阅读体系构建和分级标准的研制。我国从小学三年级实施英语课程，对学生的英语阅读能力提出了循序渐进的要求。但是，由于我国缺乏权威的英语阅读分级标准，没有一套适合中小学生的英语阅读体系和资源，导致课程设计的阅读目标难以完成。虽然国外已经具备了成熟的英语分级标准体系以及资源，但是多数国外的分级读物并不适合英语作为外语的中国中小学生。因此，本课题通过研究国内外分级阅读读物和标准，结合我国中小学生特有的英语阅读素养发展规律，研制一套适合我国中小学生的英语分级阅读体系标准。

2. 我国中小学生英语阅读素养发展特点研究。研究表明，我国中小学生的英语阅读素养发展过程与母语阅读有一定相似之处，均为一个螺旋上升的过程。但由于受到英语语言能力的限制，导致我国中小学生认知发展过程与语言能力发展过程不匹配。我国中小学生英语阅读能力发展的特殊性要求我们不能照搬国外的分级体系，而需要结合我国实际将中小学生的认知能力与英语语言能力匹配起来，从而确立并描述他们的英语阅读能力发展过程。

3. 中小学生英语分级阅读教学指导研究。目前我国分级读物的购买主要是家长的个人行为，分级阅读并没有规模性与系统性地进入课堂教学。就我国中小学的英语教学现状分析，英语阅读，这一最主要的语言输入与能力提高途径在一定程度上只体现为微观的阅读试题训练，而缺乏宏观的阅读技能培养，更没有起到提升认知与培养兴趣等阅读最主要的功能。因此制定出整套可行、符合我国国情、科学的分级阅读教学模式可使我国的英语阅读教学甚至英语教学与世界先进的教学方案接轨，更有效地提升我国中小学生的英语阅读能力。此套英语分级阅读教学方案将以分级理念为指导，分级标准为核心，延展至整个教学过程，并将经过实践的严格考验。

三个研究同时进行，一边研究学生英语阅读素养的发展过程和特点，一边订立适合其发展特点的书目并设计相应的教学方案，为我国中小学生英语阅读素养的发展建构多方位的支持体系，创设多方参与的阅读环境，响应《全民阅读促进条例（征求意见稿）》（国家新闻出版广电总局，2016）提出的根据未成年人身心发展状况和实际情况，加强培养其阅读兴趣、阅读习惯和阅读能力，开展阅读指导，开设必要的阅读课程的号召。

本课题历时五年，通过有序的研究步骤，实现了预期的研究目标。以下是课题的研究思路：

课题准备→国内外文献研究→中小学生英语阅读能力发展需求分析→建立分级阅读体系标准（主题内容和能力标准）→以标准为基础选定分级阅读书目→开展小规模分级阅读课堂教学实验→分析实验结果，修正分级标准→分级标准的确定→分级阅读教学模式形成与推广→教师培训方案的制定。以下是本课题的技术路线（见图 0.1）和实施步骤：

1. 2011 年 9 月—2012 年 1 月：开展文献研究，与各方专家和一线教师进行座谈，对中小学生英语阅读能力发展需求的特点进行分析。

2. 2011 年 11 月—2012 年 3 月：撰写《中国中小学生英语分级阅读体系标准》。课题组讨论确定文件框架，各位成员分工负责部分标准的撰写工作。定期召开讨论会，对撰写进度和质量进行监督，经过讨论和修改，汇总最终文件。

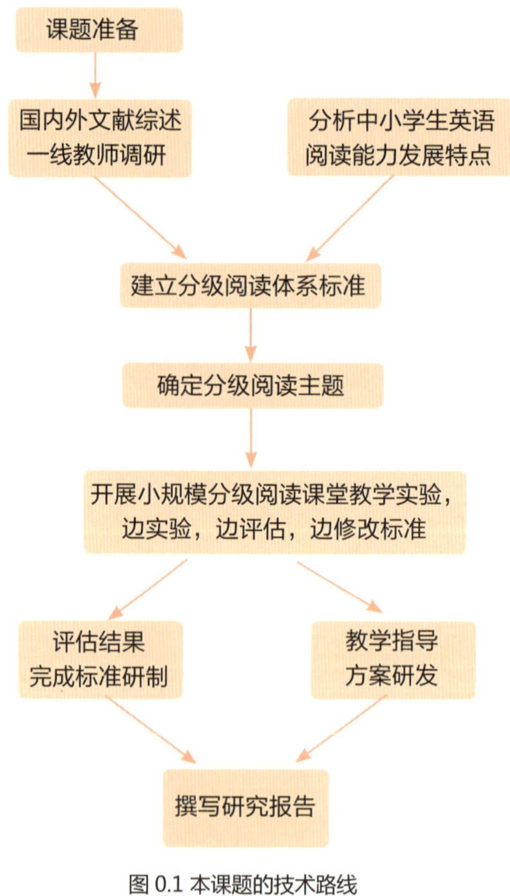

图 0.1 本课题的技术路线

3. 2012 年 3 月—2012 年 6 月：确定分级阅读主题。课题组开会讨论确定分级列表，初步划分级别，确定分级阅读书目。

4. 2012 年 9 月—2016 年 7 月：开展分级阅读课堂教学实验。课题组成员与教师合作制定教学方案，课题组进入课堂观察教学实践。召开实验讨论会，反馈实验中的问题并及时调整教学策略，依据实验结果校验《中国中小学生英语分级阅读体系标准》。教学实验分两个阶段进行：第一阶段（2012 年 9 月—2014 年 7 月）在 3 所实验校开展小规模的教学实验；第二阶段（2014 年 9 月—2016 年 7 月）在研究经验和成果的基础上，在全国近 200 所子课题实验校开展大规模的教学实验。

5. 2014 年 6 月—2016 年 9 月：对《中国中小学生英语分级阅读体系标准》进行修订，对研究成果进行总结归纳，整理相关论文，撰写结题报告。

通过五年的努力，课题取得了丰硕的成果。《中国中小学生英语分级阅读标准（实验稿）》在 2016 年 11 月出版，以两套优秀分级读物为核心的“英语分级阅读体系”也在实践中得到广泛应用。在这五年中，课题组致力于研究与开发符合我国中小学生阅读能力发展规律的英语分级阅读体系标准，指导中小学开展英语阅读教学，提升我国中小学生英语阅读素养。

对于第一批实验教师来说，做阅读教学是从无到有的事情，和他们之前的教学经验完全不一样，但他们没有畏难情绪，认真聆听专家指导，潜心研究文本，尽力准备好每一节课。他们还将每一节阅读课都录制下来，为课题组研究提供了第一手资料。课题组深入学校，每学期都为实验校做一次测试和调查，了解学生阅读素养的发展、变化。课题组也通过专项教师培训、公开课观摩、专家入校指导等方式为实验教师提供全方位的支持和辅导，帮助英语教师在阅读教学的路上快速成长。第一阶段教学实验进行了 2 年，实验校学生的阅读能力明显提高，也养成了良好的阅读兴趣和习惯。

为了让更多的英语教师了解英语分级阅读教学，2012 年和 2014 年课题组在北京师范大学京师大厦举办了两届课题研讨会。会上探讨了《中国中小学生英语分级阅读体系标准》研制的重要意义，总结了阶段性成果，并为今后的阅读教学指明了方向。

在第一阶段研究经验和成果的基础上，课题组从 2014 年开始在全国范围内推广英语分级阅读教学的理念和方法，得到了热烈的响应，子课题的申请从全国各地纷至沓来，课题实验校扩展到 200 多所，英语分级阅读教学遍地开花，英语教师有非常强烈的热情和意愿开展英语阅读。课题组在评审子课题申请书的过程中发现，很多学校对英语分级阅读的理解还不到位，课题组更担心这些学校不知道如何正确开展英语分级阅读教学，因此课题组借助课题网站、微信公众号、区域英语阅读教学研讨会、全国性的阅读教学研讨会等多种方式为各地的实验校提供间接的教学指导。

实验校教师和领导都认识到英语阅读教学对孩子英语学习乃至个人发展的重要意义，但在实际操作中他们面临的困难是经费不足、课时不足、阅读教学经验不足、学生基础薄弱等。尽管困难重重，实验校还是想方设法开起了阅读课，推动了持续默读活动，带动家庭阅读。实验校在英语教学上的改变也促进了孩子们的变化，孩子们的阅读兴趣、能力都得到提高，阅读策略也得到发展。

本书基于课题五年多来的研究成果，系统地介绍了小学英语分级阅读教学的意义、理论基础、内涵与途径，结合优秀课例讨论教学中的注意事项，希望为我国小学英语教师提供理论和实践启示。本书第一章为开展英语分级阅读的意义。我们首先从政策引领和现实需求两方面讨论开展英语分级阅读的背景，之后分析当前我国小学英语阅读教学的问题，尤其是小学英语教材的局限性，并在此基础上总结在小学开展英语分级阅读的现实意义。第二章为开展英语分级阅读教学的理论基础：英语阅读素养的内涵、分级阅读的内涵与现状、全语言教学、故事教学和文化历史发展理论。第三章为分级阅读教学的途径。我们基于课题研究，介绍图片环游、拼图阅读、持续默读、阅读圈等四种教学途径及其操作流程。在第四章，我们选取了 10 个优秀的分级阅读教学案例，供教师们理论联系实践。

Contents 目录

第一章

开展英语分级阅读的意义

第一节 开展英语分级阅读的背景

分级阅读（graded reading）的理念源于欧美，已有近100年的发展历史。分级阅读指根据青少年的认知和语言发展水平，为他们编写并选择难度和内容适切的读物。分级阅读中的“分级”主要针对读者的阅读素养水平和读物难度两方面，一方面评估读者水平，一方面为读物分级，最后将两者进行匹配。分级阅读是一项系统工程，除了以上两项工作，还涉及家庭阅读指导、分级阅读教学指导、分级阅读资源体系建构等一系列配套措施。近几年，随着阅读社会建设和阅读教学改革的趋势越来越明显，分级阅读进入我国，对我国中小学语文和外语教育带来了新视角和新模式。

一、政策引领

阅读是人们“获取信息、认识世界、发展思维、获得审美体验的重要途径”（中华人民共和国教育部，2012a, p. 22）。在信息化的当今世界，阅读的重要性显得更为突出。信息爆炸，人们需要通过高效的阅读来甄别和提取有效和重要的信息；知识爆炸，人们需要养成持续阅读的习惯，跟上时代的步伐。显然，良好的阅读素养是21世纪核心素养的重要部分，是关系着个人发展的重要因素，更是提升国民素质，增强国家竞争力的重要基础。

世界各国和各地区为推进全民阅读，提高阅读素养做出了各种尝试和探索。1982年，联合国发出号召，积极创建阅读社会。美国建立并发展了众多专门研究阅读的机构，将阅读社会的理论付诸行动。2001年，布什政府以美国国家阅读专家组于2000年发布的报告为理论基础，颁布了“No Child Left Behind”《不让一名儿童落后法》，提出“Reading First”（阅读优先）政策。

我国在《国家中长期教育改革和发展规划纲要（2010–2020）》（中

华人民共和国国务院，2011）中倡导全民阅读，提出要在2020年前基本形成全民学习、终身学习的学习型社会。2011年，国务院在《中国儿童发展纲要（2011—2020）》中提出："推广面向儿童图书的分级制，为不同年龄儿童提供适合其年龄特点的图书。"2016年2月，国家新闻出版广电总局根据国务院立法工作计划起草了《全民阅读促进条例（征求意见稿）》（国家新闻出版广电总局，2016），督促"国务院教育行政部门在推进实施素质教育的过程中，根据未成年人身心发展状况和实际情况，加强培养其阅读兴趣、阅读习惯和阅读能力"，鼓励中小学教师"开展阅读指导，有针对性地开展教师培训，开设必要的阅读课程，开展多种形式的校园阅读活动"。

二、现实需求

外语阅读是对母语阅读的重要补充，对儿童的语言和全人发展具有积极作用。首先，外语阅读是读者学习外语语言知识和发展外语语言能力的基本途径。研究表明，外语阅读对儿童学习外语词汇和语法知识，发展外语听、说、读、写能力有积极的促进作用（如 Collins, 1980; Elley & Mangubhai, 1983; Hafiz & Tudor, 1990; Krashen, 1988; Malmeer, 2013; Mason & Krashen, 1997; Pfau, 1967; Shin, 2001; Poulshock, 2010; Rashidi, 2011; Song & Sardegna, 2014; Yamashita, 2008 等）。我国《全日制义务教育普通高级中学英语课程标准（实验稿）》规定了义务教育阶段英语教育的总体目标是：通过英语学习使学生形成初步的语言综合运用能力，促进心智发展，提高综合人文素养。综合语言运用能力的形成建立在语言技能、语言知识、情感态度、学习策略和文化意识等方面整体发展的基础之上。阅读技能是语言学习中最基本的一项能力，阅读技能的提高不但有助于培养学生良好的文化意识，掌握有效的学习策略，形成积极的情感态度，促进整体语言技能的提升，更对学生认知能力的发展、人文素养的培养和正确价值观的形成具有深远影响。Krashen（2004）也指出，二语（包括外语）阅读不仅对语言能力的发展有推动作用，还能促进儿童的认知发展，减少写作时的焦虑感，增添愉悦感。

随着经济全球化和社会信息化的加速发展，我国改革开放不断深入，英语的重要性愈发凸显，我国的少年儿童开始越来越早地接触英语。特别是在《全日制义务教育普通高级中学英语课程标准（实验稿）》颁布之后，明确了在义务教育阶段开设英语课程的必要性，规定从小学三年级实施英语课程（很多发达地区则从小学一年级起实施英语课程）。该标准对中小学生的英语阅读能力提出了循序渐进的要求，并规定了各个级别的阅读目标，也对各个级别提出了相应的阅读技能的要求。其中对除教材外的课外阅读量提出了量化要求：三级 4 万词以上，五级 15 万词以上，六级 20 万词以上，七级 30 万词以上，八级 36 万词以上，最终到达九级时，学生要有广泛的阅读兴趣及良好的阅读习惯。这些都表明，提高学生的英语阅读能力是英语课程的基本要求之一。

然而，现有英语课本所提供的阅读量有限，真正的阅读能力不可能完全通过课堂教学来培养，学生需要补充适合不同阶段认知发展需求和语言发展水平、题材和体裁丰富的读物，特别是要能够在教师的指导下，逐步发展各种阅读策略，养成良好阅读习惯，以达到《全日制义务教育普通高级中学英语课程标准（实验稿）》在英语阅读内容和阅读能力两方面提出的要求。广大教育工作者和家长也越来越意识到阅读对提高少年儿童英语能力和兴趣的重要性以及对儿童身心发展的深远影响。

为了满足学生发展英语阅读能力的需求，市面上出现了各种英语读物，其中也不乏直接从国外引进的分级读物，这些读物推动了分级阅读理念的传播。但国外英语分级阅读标准通常都是针对英语为第一语言的学习者，对建立我国中小学生英语分级阅读体系虽然具有借鉴意义，但直接引入国外英语分级标准显然不能适应我国少年儿童英语学习能力发展的需要。目前也尚未有机构或个人立足于国内少年儿童学习英语的过程和特点，对英语分级阅读的标准、引进版分级读物的适用性、英语分级阅读教学的具体实施等进行过系统的研究，这一领域尚属空白。所以研发一套科学且适合我国中小学生英语发展需要的分级阅读标准体系成为当务之急。

第二节 当前小学英语阅读教学存在的主要问题

英语阅读受到了广泛关注，英语阅读教学也成了我国基础教育改革的重要突破口。我国中小学课堂也开始引进国外先进的阅读教学模式与方法，获得了一定的成效，但问题依然存在。

一、认识上有偏颇

教师的教育教学理念是影响教学效果的根本因素。在开展英语阅读教学时，教师对于教学目标、教学内容和教学途径的认识有一定的偏颇，主要体现在以下几个方面：1）不了解英语阅读的重要性；2）对阅读教学的培养目标认识片面；3）对学生英语阅读素养的发展过程和特点把握不准。

首先，由于考试的反拨作用，现有小学英语教学依然充斥着语言知识的直接灌输和语言技能的机械练习的现象，教师费尽心思让这些灌输和练习看起来更有趣、更有教育性，却忽视了真正意义上阅读活动的发生，阻碍了英语阅读对学生整体和长期发展的积极影响。在一次小学英语阅读教学研讨会上，专家学者们就英语阅读教学的重要性讨论了两天，会议接近尾声时一位教师问专家："小学英语阅读教学对高考有什么帮助？"这个问题充分体现了考试对教学的反拨作用，体现了现有小学英语教学令人窘迫的功利性。

此外，有些教师认可英语阅读的作用，但对其作用的理解较为片面。

现有小学英语阅读教学侧重解码能力的培养，目标陈述围绕知识、技能和情感态度价值观三个维度展开，重视英语词汇和句型等语言知识的学习和一些基本的阅读技巧和策略的培养，情感态度价值观的培养目标却较为生硬，忽视了阅读素养的其他要素，尤其是阅读品格的培养。解码能力固然重要，但其最终目的是阅读理解能力的提升和阅读品格的形成，教学目标不可本末倒置。

最后，教师对学生英语阅读素养的发展过程和特点把握不准。根本原因在于，教师对英语阅读素养具体内涵和构成要素的认识片面或不足，导致他们在评价学生的阅读素养水平时主要围绕语言知识、理解能力、阅读量等几个维度，忽视了文本概念、音素意识、拼读能力、阅读流畅度、阅读技巧和策略、阅读习惯和阅读体验等同等重要的维度。另一原因是教师对有效评价模式的认识不足，评价较为主观，没有科学的数据支撑，阻碍了有效评价的形成，影响了阅读材料与学生水平的匹配效果和教学的适切设计。

二、阅读材料匮乏

阅读材料是开展有效英语阅读教学的重要中介，是达成教学目标的重要基础。然而，由于缺乏适合的阅读材料，小学英语阅读教学受到了一定的阻碍和局限，主要体现在以下几个方面：1）常规教材具有局限性；2）引进材料不完全符合我国学生特点；3）分级绘本不成体系；4）阅读材料缺乏阅读指导和教学支持。

首先，现有小学英语教材无法满足阅读教学的需求。教材内容主要以对话和语言知识为导向的短文为主，缺少鲜活生动的阅读材料，无法提供完整的阅读体验，很难进行有意义的阅读活动和阅读教学。教材的阅读量也少，无法提供充足的输入来培养扎实的阅读能力和支撑阅读能力持续发展的阅读习惯和阅读体验。

其次，国外引进的原版绘本不完全符合我国学生的认知和语言发展特点。这些绘本的受众是英美国家的母语读者，蕴含了很多显性和隐性的英美国家社会文化背景知识，不能完全匹配我国小学生的知识储备量，出版社应有选择地进行引进。然而，这些绘本的其他缺点却无法通过筛选引进来进行弥补。比如，绘本难度升级过快，学生和教师都很难适应。我国小学生的英语阅读素养水平存在地域性差异，原版绘本很难同时满足学生的语言和认知发展需求。例如，三年级起步的学生适合从低级别的绘本读起，但这类绘本的内容却很难匹配他们的认知发展水平。

随着社会对分级阅读概念的逐渐认识和认可，市场上的英语分级绘本种类也变得愈加丰富，但优秀的绘本系列却不是很多。阅读素养的发展是一个循序渐进的过程，内容和知识框架上有连续性的系列绘本能照顾到发展过程中的每一个环节，而这类绘本还有待进一步开发。现有绘本以故事类为主，科普绘本较少，不能满足阅读的多重目的，影响学科知识和语言知识的互相迁移和推进。分级绘本使用不同的分级体系，未形成统一的级别标志，未形成完整的阅读生态。

最后，阅读材料缺乏科学的阅读指导和教学支持。一是缺少针对家长的阅读指导，家长不知如何选择适切的绘本，也不知道如何有效地帮助孩子进行绘本阅读。二是缺乏系统的教学支持，很少有绘本配有教师用书和相应的活动手册，教师在选择绘本和开展教学时感到无从下手。

三、教学方法缺失

教学方法是决定教学效果的最直接因素。近几年，随着小学英语阅读教学的改革，教师接触了新理念，了解了新方法，但具体的教学实施仍存在较多问题。这些问题主要体现在以下几个方面：1）教学方法的选择理据不足；2）教学目标不清晰；3）教学活动流于表面。

首先，教师在选择教学模式与方式时缺乏理据。教学途径是否适切主要看是否符合学生的发展水平。这表明，在开展阅读教学前，教师应深入了解学生英语阅读素养各要素的发展水平和发展特点。然而，很少有教师能做到这一点。教师通常是先确定好教学途径，之后为此寻找理据。近几年备受教师追捧的自然拼读教学就是如此。很多教师在没有了解自然拼读的产生背景和适用程度的情况下，盲目跟风，教学变成了为了拼读而拼读，未能体现自然拼读教学的真正作用。

其次，教学目标的设置不够清晰。教学目标是否清晰直接影响教学活动的有效实施。模糊的教学目标无法引导详尽的教学过程设计，进而影响整个课堂教学的有效性。例如，以下三位教师就同一文本设定了不同的教学目标：A 教师将教学目标设定为“学生通过插图猜词意，理解故事内容并初步了解一些阅读技巧”；B 教师的教学目标为“让学生利用插图和已有知识，调动简单的阅读策略理解故事内容”；C 教师的教学目标为“让学生通过插图来猜测词意，通过文章线索推测故事结局，结合学生实际，预测故事情节”。比较之下，C 教师界定了更为具体的阅读技巧和策略，其教学目标最为清晰，而 A 教师提到的“一些阅读技巧”和 B 教师提及的“简单的阅读策略”都不具备清晰的导向性。通过分析课堂活动，我们发现这两位教师提及的阅读技巧和策略实际上指的都是文本推断能力。然而，由于三位教师教学目标的清晰性有所差异，教学设计的实施情况也有所不同。C 教师培养的推断能力维度最多，教学活动的导向性也最为清晰[1]。

此外，教学活动流于表面。一是教学活动和教学目标两张皮，活动设计趋于模式化和表层化。二是活动之间缺乏逻辑性，知识与技能教学割裂，输入与输出脱节。三是忽视为学生搭建语言发展和知识结构的支架，忽视主题意义，为情感态度价值观目标贴标签，缺少对学生思维能力的培养。导致以上问题的原因在于，教师对文本的解读不够，忽视对文本意义的解读和对内在知识结构的提炼和整合，习惯于以知识为主，直接进入语言学

1 该段摘自《英语学习》（教师版），2016 年第 12 期增刊，7–11。

习，见树不见林。

四、阅读评价片面

教学与评价关系密切。想要教好阅读，就一定要做到有效的阅读评价，了解学生的阅读水平，跟踪学生的发展过程，分析教学中的问题，进而调整并优化教学。然而，在开展英语阅读教学时，阅读评价趋于片面，教师对于为什么要做阅读评价、评价什么、如何进行有效评价等问题的认识并不深，缺乏系统的阅读评价工具，影响了阅读教学的有效实施。问题主要集中在以下几点：1）忽视阅读评价；2）评价不全面；3）评价不系统；4）缺少评价工具。

首先，忽视阅读评价。多数教师不了解评价对教学的重要作用，在开展阅读教学时只根据主观判断选择阅读材料、设计教学活动和评价教学效果。对于教师来说，阅读评价看似非常繁琐且费时费力，其实不然。小学生的阅读评估主要采用标准化或大型测试，辅以观察和记录方法以及反应性听力方法。研究者们（如 Tompkins，2010；敖娜仁图雅，2015）提供了信效度较高的阅读评价工具，教师可以进行参考，辅以日常的观察和记录，对学生英语阅读素养的发展水平和发展过程进行客观的评价。

其次，评价维度单一，不全面。目前的小学英语阅读能力评价通常以阅读理解多项选择题为主要测试方式，关注学生对词汇、语法、内容理解的程度，忽略了阅读素养中不同要素的发展水平，如阅读兴趣、阅读习惯、阅读策略、阅读流畅度和跨文化理解等，导致无法科学地诊断学生在英语阅读素养发展中的进步和遇到的困难，也无法为教师改进教学提供依据[1]。

此外，评价不成体系，缺乏连续性和科学性。有效的阅读评价是连续

1 该段摘自《中国外语教育》，2015 年第 1 期，16–24. 有修改。

的。开展教学前进行前测，对学生的阅读素养水平进行深入了解；开展教学期间进行定期评价，对学生的发展过程进行跟踪调查，分析已有和潜在的问题，调整下一步的教学设计；结束教学后进行后测，分析和反思教学效果，总结影响学生发展的因素。连续性的阅读评价能给教师提供系统、科学的数据反馈。然而，目前教师采用的阅读评价缺乏连续性，忽视中测，前测和后测的匹配性也有待提升。

最后，缺少评价工具。虽然研究者开发了一系列科学、有效的阅读评价工具，但教师缺少了解和使用这些工具的途径，也不知道如何选择适合的评价工具。因此，亟待开发一套操作方便、行之有效的阅读评价工具，同时要加强阅读评价方面的教师培训，帮助教师做好评价，提升教学效果。

五、阅读体验缺失

阅读不仅是解码和理解，更应该是“悦读”的过程。同样，阅读教学不仅要培养学生的阅读能力，还要关注他们的阅读体验，帮助他们形成良好的阅读兴趣、积极的阅读态度和自我评估。然而，我国小学英语阅读教学面临的最大问题是学生缺乏阅读体验，具体表现如下：1）缺少阅读思维；2）很少独立阅读；3）缺乏对阅读的内部动机。

首先，学生缺少阅读思维。教学活动流于形式，学生没有机会与文本进行深入对话，很难形成独立的思维品质。课堂上充斥着热闹的一问一答，学生紧跟教师的步伐，努力分析教师的期待，说出教师期待的标准答案。意识到这一点的教师开始让学生进行读后讨论，但讨论的内容和形式仍存在诸多问题。讨论内容过于封闭，学生没有空间进行拓展性的思考。教师经常问：Do you like this book? 然后用期待的眼神看着学生，学生则会完美地配合，频频点头。在讨论时，教师通常要求用全英文讨论，忽略了讨论的真正目的，阻碍了有效课堂的生成。以上问题的结果是，学生形成了一种不好的惯性，不敢或很少对教师的问题进行有意义的反馈，讨论的内容也趋于形式化，缺乏深度思考。

其次，学生很少有机会独立阅读。独立阅读是最基本的阅读形式，在这一过程中，读者可以静下心来，与作者进行对话，结合自身已有的知识，对文本形成独有的理解。对于小学生来说，独立阅读是他们了解绘本结构、巩固语言知识、练习阅读技能、养成阅读习惯和思维品质的重要途径。然而，现有的小学英语阅读课很少给学生独立阅读的时间，尤其是独立默读的时间，阅读体验不完整。

此外，学生缺乏阅读的内部动机。学生进行阅读通常是为了语言知识而阅读，为了完成教学活动，甚至只是为了教师准备的奖品而阅读。课堂活动看似热闹活跃，但很少让学生为了阅读而阅读，脱离了阅读的本质。外部动机固然重要，但教师需要将外部动机逐渐转化为内部动机，让学生阅读且“悦读”。

第三节 小学教材与分级阅读读本的差异比较

在开展阅读教学时，选择适切的阅读材料至关重要。《中国中小学生英语分级阅读标准（实验稿）》（王蔷、陈则航，2016）围绕解码能力、语言知识、阅读理解、文化意识、阅读习惯和阅读体验等维度，对中国中小学生英语阅读素养的发展目标进行了分级界定。只依靠英语教材进行阅读教学是无法实现以上目标的。小学教材的语言知识系统且明确，但在篇章布局、内容设计、级别划分等方面有一定的局限性，而英语绘本能很好地弥补这些缺点。小学教材和分级绘本是很好的互补。

在篇章布局上，我国小学英语教材主要以英文对话和短文为主，不包涵完整的书本信息，不利于培养学生的文本概念。《中国中小学生英语分级阅读标准（实验稿）》提出，小学低年级的学生要能够区分和辨认书的构成，如作者、绘者、标题、封面、扉页和封底等。分级绘本独立成书，具备上述的书本信息，能让学生拥有完整的阅读体验（见图 1.1）。

图 1.1　分级绘本的封面和扉页

从内容设计来看，我国中小学英语教材呈现的内容更具有系统性，但为了突出语言结构，容易导致语言内容空洞、脱离真实情境，语言输入的品质存在一定的问题。英语绘本内容丰富，富有情境，语言鲜活，更贴近学生的日常生活，能为学生提供思维和想象空间，有助于培养他们发现问题、分析问题和解决问题等思维能力，为他们提供积极的阅读体验和帮助他们养成良好的阅读兴趣。

以下为某版小学二年级英语教材中的对话：

Girl: What's this? Please guess. It has big ears.

Cat: It's an elephant.

Girl: What's this? Please guess. It has red eyes and white hair.

Cat: It's a rabbit.

…

可以看出，这样的教材融入了一些趣味性，但总体上教材主要是在呈现一种新的语言结构，并以此结构作为一个重点进行一些语言练习。再举一个五年级的例子，书中对话如下：

W: Good morning everyone. Welcome to London.

G: Where is London, Baobao?

B: It's here, in the UK.

G: Where is the UK?

B: It's in Europe.

我们在生活当中很少会与学生进行这样的交流，这些都是为了语言而语言的一种状况，所以很难想象学生通过这样一种课文的学习能够提高阅读素养。

还有某版教材，为了弥补过度关注结构的缺陷，添加了一些故事情节，内容如下：

Hello, pig! Follow me.

Hello, dog! Follow pig. Follow me.

Hello, duck! Follow dog. Follow pig. Follow me.

Hello, rabbit! Follow duck. Follow dog. Follow pig. Follow me.

这样的语言脱离生活，不真实，这就是我们教材的一个现状。尽管小学教材在这些年已经发生了很大的变化，但仍然有很多地方需要完善，教材中阅读输入的品质和数量都存在问题，使用这样的教材没有办法真正去培养学生的英语阅读习惯和英语阅读能力。

在培养学生阅读素养方面，英语分级读物有它的独到之处。英语分级读物主题丰富且与生活密切相关，情境真实，语言鲜活，级别的划分兼顾语言和内容，符合学生认知发展水平，有利于学生了解英美文化，拓展学生思维，尤其有利于培养学生的想象力和分析、解决问题的能力。比起英语教材，英语分级读物更有利于培养学生的阅读兴趣，也能让学生真正体验到阅读给他们带来的快乐。然而，需要指出的是，分级读物中语言知识安排的系统性要弱于教材，因此分级读物并不是要取代教材，而是很好地弥补教材的不足。通过教材对语言进行学习还是很有必要的。

下面通过一个具体的例子来了解一下英语分级读物的特点（见图1.2）。读物内容如下：

Ladybird is on the tree.

Ladybird is on the leaf.

Ladybird is on the shed.

Ladybird is on the pond.

Ladybird is on the flower.

Ladybird is happy.

图 1.2 《小瓢虫归家记》

这本书涉及的句型非常简单，内容跟生活紧密相关，是从孩子的视角观察自然，能够激发孩子的兴趣。这就是语言和内容完美结合的例子。这是比较简单的分级阅读，当然级别较高的分级读物里面有情境、有情节的发展、有问题的解决等。学生非常喜欢阅读这样的故事。

从级别划分来看，英语绘本通常以分级阅读的形式出版，遵循中小学生的认知和语言发展规律，有机融合语言知识和背景知识，满足不同水平学生的阅读需求，是对英语教材的有效补充。从教学的角度来看，分级绘本有助于进行分层教学，帮助教师跟踪学生的发展过程，对他们进行个性化辅导。从学生的角度来看，分级绘本能帮助他们正确评价自身的发展水平，选择适切的阅读材料，进而形成积极的自我评价。

可见，英语教材和英语绘本各有侧重，相辅相成，教师应具体情况具体分析，发挥二者的优势，选择最适合学生发展的教学材料。

第四节 开展小学英语分级阅读的意义

分级阅读是一项系统工程。分级阅读不仅包括对读者的阅读素养水平和读物难度进行分级，还涉及教学指导、家庭阅读指导和资源体系的建立。在小学开展系统性的分级阅读具有重要意义，具体如下：

一、遵循儿童发展规律，推进学生的有效发展

分级阅读标准的建构是基于对读者总体的认知发展规律、语言发展规律和阅读素养发展规律的科学分析，能帮助家长和教师了解小学生的发展规律，在阅读指导和教学中遵循其规律，推进阅读素养的有效发展。了解学生英语阅读素养的实际发展水平和潜在发展水平是开展英语阅读教学的重要前提，教学中的很多问题都是因为教师对学生的发展状态了解不客观、理解不深而造成的。

阅读素养的发展属于认知层面的发展，尤其是思维和语言层面的发展。对于总体的认知发展规律，研究者进行了长时间的研究。以 Piaget 为例，他认为人的认知发展经历四个阶段：感知运动阶段（出生到 2 岁）、前运算阶段（2—7 岁）、具体运算阶段（7—11 岁）和形式运算阶段（11 岁到成年）。小学生主要处于具体运算阶段，其思维逻辑能力比之前有所提高，开始形成了可逆性、去自我中心的思维，但问题解决不太具有自我中心倾向，还不能进行抽象思维。王蔷和陈则航（2016）对以上特点进行了深入分析，总结了小学低、中和高年级学生的认知发展特点，为阅读材料和指导模式的选择提供了建议（详见表 1.1）。

表 1.1 小学生认知发展特点及其对英语阅读指导的启示

	6~8 岁的小学低年级学生	8~10 岁的小学中年级学生	10~12 岁的小学高年级学生
读者能力概况	思维方式以形象思维为主，所掌握的概念大部分为具体的、可以直接感知的，只能孤立地认识事物的个别特征和表面现象。喜爱小动物，好奇心强，喜欢模仿，想象力丰富。	能进行一定的抽象思维，能够逐步区分主要和次要的东西，掌握初步的科学定义，但仍然离不开经验和感性知识的支持。	抽象思维全面发展，逐渐成为思维的主要形式，能够进行初步的辩证思维，但还未形成系统的辩证思维结构。
读物选择建议	读物不宜过于抽象或复杂，贴近学生的日常生活，如家庭、动植物等主题。	读物内容可以超出其日常生活的范围，可以涉及简单的抽象概念，可以具备一定的广度和深度，如冒险故事、季节和天气、计划和安排等。	提供现实生活故事、科普文章、实用文章、简单的传记和诗歌等读物，培养勇气、同理心和责任心等品格的读物。
阅读指导建议	分享阅读、亲子阅读、固定时间阅读、读后画图或表演、选择感兴趣的读物、控制阅读时长、提供语音输入。	亲子共读、定期阅读、独立阅读、分享阅读、同伴阅读。	提供适当的阅读方法指导和环境条件。

（选自《中国中小学生英语分级阅读标准（实验稿）》）

也有很多研究者对儿童英语阅读能力的发展阶段和特点进行了深入研究，但研究对象都以母语国家的儿童为主。最早的阅读阶段理论于 1925 年由 Gray 提出，他将阅读发展与学校年级挂钩，将阅读发展分为预备期、阅读教学初期、迅速发展期、广泛阅读期、巩固期等五个阶段，细化了每个年级结束时学生所能达到的阅读素养水平。之后又出现了不同视角且更详细的阅读阶段理论，如 Gates（1947），Russell（1949），Ilg & Ames（1950），Bloom（1964），Chall（1983），Frith（1985），Juel（1991），Ehri（1995）。

这些阅读阶段理论采用了不同的分阶方法，但总体内容比较相似，在描述小学生阅读素养的发展特点时，认为 9 岁或者 3 年级为阅读素养发展的重要转折期，学生具备了初步的阅读素养，即将进入独立阅读期。分级阅读研究与阅读阶段理论同时发展，形成了系统的分级阅读标准。然而这些理论和标准并不能完全适用于中国小学生，不能完全代表他们英语阅读素养的发展规律。

鉴于以上情况，王蔷和陈则航（2016）基于“中国中小学生英语分级阅读体系标准研制”课题的研究，分析了我国中小学生英语阅读素养的发展目标。她们围绕阅读能力和阅读品格，基于年级，将我国中小学生的英语阅读素养的发展目标分为起步、进阶和精进三个大阶段和九个小阶段（见表 1.2）。

表 1.2　英语阅读素养发展阶段与目标年级、读物级别对应表

<table>
<tr><th colspan="2">英语阅读素养发展阶段</th><th>目标年级</th><th>读物级别</th></tr>
<tr><td rowspan="11">起步</td><td rowspan="3">一段</td><td>小学一年级</td><td>预备级</td></tr>
<tr><td rowspan="2">小学二年级</td><td>1</td></tr>
<tr><td>2</td></tr>
<tr><td rowspan="4">二段</td><td rowspan="2">小学三年级</td><td>3</td></tr>
<tr><td>4</td></tr>
<tr><td rowspan="2">小学四年级</td><td>5</td></tr>
<tr><td>6</td></tr>
<tr><td rowspan="4">三段</td><td rowspan="2">小学五年级</td><td>7</td></tr>
<tr><td>8</td></tr>
<tr><td rowspan="2">小学六年级</td><td>9</td></tr>
<tr><td>10</td></tr>
<tr><td rowspan="6">进阶</td><td rowspan="2">一段</td><td rowspan="2">初中一年级</td><td>11</td></tr>
<tr><td>12</td></tr>
<tr><td rowspan="2">二段</td><td rowspan="2">初中二年级</td><td>13</td></tr>
<tr><td>14</td></tr>
<tr><td rowspan="2">三段</td><td rowspan="2">初中三年级</td><td>15</td></tr>
<tr><td>16</td></tr>
</table>

续表

英语阅读素养发展阶段		目标年级	读物级别
精进	一段	高中一年级	17
			18
	二段	高中二年级	19
	三段	高中三年级	20

（选自《中国中小学生英语分级阅读标准（实验稿）》）

阅读阶段理论和分级阅读可以“帮助我们理解阅读的本质”（Gates, 1947, p. 23），加深家长和教师对“学生学习阅读过程的认识，让我们根据不同的发展阶段，协调环境和教学因素”（Chall, 1983, p. 26），进而促进学生阅读素养的健康、有效发展[1]。

二、总结分级读物特征，提供适切的阅读材料

分级阅读标准的主要功能是将读者的阅读水平和读物特征进行匹配，帮助家长和教师选择适合学生发展的阅读材料。所谓适合的材料主要指阅读材料中的语言知识（词汇、句型等）、背景知识（普通知识和英语国家社会文化背景知识）、篇章结构（文体类型、主题特征、内容特征、人物特征、情节特征、写作手法等）、呈现形式（插图特点、排版形式等）等因素要符合学生总体的认知发展水平和语言发展水平。

英美国家现有的分级阅读标准对本国的儿童绘本进行了科学、详尽的分析，根据其特征进行了系统的分级，形成了良好的阅读生态。这些标准对我国小学英语阅读教学具有重要的指导意义，但不能直接本土化。

鉴于以上情况，王蔷和陈则航（2016）基于大量的实证研究，结合我国中小学生英语阅读素养的发展目标，围绕词汇、语句、篇章和呈现形式

1 该段摘自《课堂情境下的低年级小学生英语阅读素养发展研究》，有修改。

等四个方面，对相应的读物特征进行了充分的描述，并给出了参考样张。以小学 2 年级下学期英语阅读素养的发展目标为例，其相应的读物特征如下（表 1.3）：

表 1.3 《中国中小学生英语分级阅读标准（实验稿）》2 级读物特征

词汇	■ 总词汇量：全文约 45~100 个单词，平均 70 个左右。 ■ 词汇特点：以高频词汇为主，双音节单词数量增多。动词词尾出现简单的词形变换（如 -ing）。单词拼写简单，多数符合拼写规则。
语句	■ 句型特点：句子由 3~6 个单词组成，有些句尾增加介词短语（如 in the wood），句型重复率高。 ■ 句子数量：一般每页有 1~3 个句子。
篇章	■ 文体类型：童话故事、现实生活故事、传统故事等故事类文体；描写实物的非故事类文体。 ■ 主题特征：与读者日常生活相关的主题（如家庭、动植物等），以及有利于培养读者积极心态、良好习惯和品质的主题（如分享、互助、与人沟通等）。 ■ 内容特征：内容具体、浅显。 ■ 人物特征：人物类型和性格简单。 ■ 情节特征：故事由若干个情节组成，情节简单，容易预测。 ■ 写作手法：以描述为主，通常按照事物或故事的发展顺序呈现信息。
呈现形式	■ 呈现形式：图画书等。 ■ 插图特点：丰富、清晰，读者通过看插图能基本了解文本含义。 ■ 排版形式：行距大，字号大（通常在 24 号及以上）。文字和插图分开排版，全书排版方式统一。

由于我国小学生的阅读素养水平、开展英语教学的起始年级、教育资源等方面的差异性较大，家长和教师在参考分级阅读标准时需要考虑当地情况，综合考虑学生整体的认知发展水平和英语阅读素养的发展水平，为学生选择最为合适的读物。

三、建构阅读指导体系，促进教学质量的提升

小学生英语阅读素养的发展需要成人，尤其是英语教师的科学指导。因此，建立阅读指导体系也是分级阅读这一系统工程的重要环节之一。阅读指导体系包括教学途径的分析、教学方法的选择、教学活动的设计、教师培训模式的研发等方面，需要教师、研究者和教师教育者的协同工作。

英语阅读教学历史悠久，外语阅读教学借鉴了英语为母语的阅读教学模式。然而，因为外语的学习情境不同，教学途径、教学方法和教学活动不能直接沿用母语教学，而是根据具体情况，针对具体问题，在科学研究的基础上进行选择和设计。

基于五年的实证研究，课题组在分析学生英语阅读素养发展特点，总结教学影响因素的基础上构建了适合我国国情的小学英语阅读教学途径及详尽的操作方法：图片环游、拼图阅读、持续默读、阅读圈、故事地图（详见第三章）。这些途径满足了我国小学英语教学的各种情境，帮助教师优化现有阅读教学或利用分级绘本开展拓展教学。

参加实验的小学教师们见证了阅读指导体系对小学英语阅读教学的积极作用。他们在课题组专家的指导和帮助下，从“零起点”出发，从刚开始对教师用书的不知所措到之后的得心应手，再到最后的推陈出新，五年间不仅积累了宝贵的教学经验，还对英语阅读课教什么、怎么教有了更深的体会和更清楚的认识。他们已然成为我国小学英语分级阅读教学的生力军。用三里河第三小学一位教师的话来说，实验教学给教师们提供了一个从不知或模糊到逐渐清晰的学习过程[1]。

四、突破传统阅读模式，提供良好的阅读体验

教学模式的突破给学生提供了更为良好的阅读体验。以图片环游为代

1　该段摘自《英语学习》，2015 年第 5 期，40–44。

表的英语阅读教学途径注重学生的阅读体验，对学生形成良好的阅读品格产生了积极的影响。通过阅读，学生体验阅读的过程，发展阅读理解能力，形成有效的阅读策略和良好的阅读习惯。而阅读品格是阅读素养持续发展的基础，良好的阅读习惯和积极的阅读体验有利于学生解码能力和阅读理解能力的健康发展，而这两方面的发展又会促进阅读品格的进一步提升，形成一个有利于阅读素养发展的良性循环。课题的实证数据证实了这一点。

通过绘本教学，学生的外语阅读素养得到了全方位的发展：在很短的时间内就具备了完整的文本概念，能根据文本信息理解文本的阅读意识；音素意识显著提升，掌握了常用的拼读规律，具备了根据已知拼读规律猜测生词的意识和能力；能够准确、流利、有韵律地朗读文本，语音、语调得到了明显提升；阅读技巧与策略趋于成熟，能在教师的指导下理解故事大意，寻找文中的显性信息，根据图片和上下文推断文本内容，结合自身理解对文本内容进行评论，提升了审辩式思维，提高了发现问题、分析问题并解决问题的思维能力；学习了单词和短语，积累了隐性的语法知识和背景知识，提升了外语文化意识；养成了图文兼顾、按序阅读的习惯，形成了浓厚的阅读兴趣和积极的阅读态度。

第二章

开展英语分级阅读教学的理论基础

第一节 阅读素养[1]

一、阅读能力与阅读素养的区别

“阅读能力”（reading ability）泛指阅读所需的能力，其内涵取决于不同研究视角对阅读的理解。阅读既是读者处理文本信息，积极主动与文本互动的心理语言学过程，也是受到各种因素影响的社会语言学过程（Weaver, 2009）。人们对阅读的理解一直在不断发展和变化，尽管学界对“阅读能力”的定义尚未达成共识，但总体上，阅读主要涉及文本解码和理解所涉及的个体心理过程（Rueda, 2011, p.84）。Gough 和 Tunner（1986）的朴素阅读观（Simple View of Reading）也认为，我们可以从解码能力和理解能力两方面来理解“阅读能力”。因此，多年来，与阅读能力相关的研究主要围绕解码能力（如音素意识、拼读能力、阅读流畅度等）和阅读理解能力（如阅读技巧与策略、语言知识等）展开。

“阅读素养”源自英文 reading literacy 的翻译。英文中 literacy 原指“读写能力”或“受过教育”，不仅包含“阅读”的概念，还涉及个体和社会群体在不同场景和情境中需具备的信念、态度和习惯（Pearson & Raphael, 2000）。Literacy 的反义词是 illiteracy，相对于中文的“文盲”。在科学技术迅速发展的 21 世纪，“文盲”已不再单指不会读写，而用来指当今人类生存和发展所需更广泛的综合能力的缺失。所以，近年来人们开始用各种 literacy 来衡量教育质量与国家竞争力，如 reading literacy（阅读素养），mathematical literacy（数学素养），science literacy（科学素养）和 financial literacy（金融 / 理财素养）等。这里的 literacy 强调知识和能力的运用以及这一过程中所需的综合素养，已然失去其原本的意义，所以在教

1 该节摘自《中国外语教育》，2015 年第 1 期，10–24. 有修改。

育情境中对其更贴切的翻译应为“素养”。

“阅读素养”的内涵是随着时代的发展不断丰富和完善的。从文献上看，真正意义上的阅读素养出现于上世纪末，当时“阅读素养”指儿童“理解和运用社会所需和（或）对个人有价值的书面语言形式的能力”（Elley, 1992：3）。21世纪初，人们考虑到阅读活动的多重目的，提出“阅读素养”不仅包括小读者构建文本意义的能力，还需包括他们通过阅读进行学习、参与社会、获得审美体验的能力（Mullis et al.，2009）。近几年，随着终身学习观的不断深入，“阅读素养”不再单指儿童的阅读能力，而指人一生中需要持续建构的一种综合能力（OECD, 2016）。同时，对于阅读素养的评估也在传统“阅读能力”所关注的要素（如阅读理解能力）基础上，补充了阅读习惯和阅读体验等内容。

总的来说，“阅读素养”是对“阅读能力”概念的发展。“阅读素养”的内涵要大于“阅读能力”，它不仅涵盖了“阅读能力”所涉及的各要素，如解码文本信息和理解文本内容所涉及的一系列知识、技巧和策略，如语言知识、音素意识、拼读能力、阅读流畅度、阅读技巧和策略等，还包含了阅读动机、态度、习惯等促进个体参与社会活动、促进其全人发展需具备的综合素养，即阅读品格。所以，我们将“阅读素养”理解为“阅读能力”加“阅读品格”。

二、母语阅读素养的内涵

PIRLS（国际阅读素养进步研究）（Mullis et al.，2009）和PISA（国际学生评估项目）（OECD, 2016）是目前影响力较大的、涉及母语“阅读素养”的两个国际性评估项目。前者把“阅读素养”定义为“小读者能从各类文本中建构意义。他们为了学习、参与学校和日常生活中的阅读群体、获得乐趣而阅读”（Mullis et al., 2009：11）；后者将“阅读素养”定义为“人们为了达成目标，开发潜能和参与社会，理解和运用书面文本并对其进行反馈，与之互动的能力”（OECD, 2016: 2）。虽然PIRLS和PISA对母语“阅读素养”均进行了界定，但其均指向大规模评估，受其局限，两者都只给出了基于“阅读素养”要素的评估框架，未能详细讨论“阅读素养”的内涵。鉴于此，我们根据之前对“阅读素养”的理解，逐一分析“阅读能力”和“阅读品格”的具体内涵。

1. 阅读能力

英美国家对于母语阅读能力内涵的理解主要体现在他们的国家课程标准和国家级研究报告中。美国的国家课程标准（The Common Core State Standards for English Language Arts & Literacy in History/Social Studies, Science, and Technical Subjects，在此简称CCSS）、英国的小学课程标准（The Primary Framework for Literacy and Mathematic，在此简称PFLM）和美国国家阅读专家组（National Reading Panel, NRP）在2000年的报告（在此简称RNRP）中，均对儿童母语阅读能力进行了详细的阐述。通过对比分析，我们概括出六项儿童母语阅读能力的构成要素，即：文本概念、音素意识、拼读能力、阅读流畅度、阅读技巧与策略和母语语言知识。例如，RNRP、CCSS和PFLM均提到了拼读能力、阅读流畅度、词汇、阅读技巧和策略。当提到识别并分辨音素的能力时，RNRP使用了音素意识一词，CCSS使用了语音意识，而PFLM使用了语音知识。语音意识和语音知识的内涵更多，不仅包含音素意识，还包括语音单位，如音节和韵词（Ehri, 2009, p.295）。对于刚刚开始学习阅读的低年级小学生，音素意识的强弱能有效地预测阅读素养的发展走向（Share, Jorm, Maclean & Matthews, 1984）。CCSS明确提到文本概念，RNRP将它融于拼读能力中，而PFLM则将它置于文本理解和诠释能力之下。

关于这六个要素的具体内涵，以上文献并没有提供详细的界定，但如果这六个要素是构成母语阅读能力的重要组成部分，我们则有必要进一步阐释每个要素的具体内涵。以下是通过进一步的文献梳理对六个要素的内涵所做出的解读。

文本概念：Tompkins（2010）认为文本概念主要包含书本概念（book-orientation concept）、方向概念（directionality concept）、字母单词概念（alphabet and word concept）和标点符号概念（concept of punctuation）。书本概念指读者知道如何拿书和如何翻页，明白文本意义的载体是文字而非插图。方向概念指文本的书写顺序，如英文是从左到右，从上到下进行书写。字母单词概念指读者能识别大小写字母，明白字母和单词的作用（Tompkins, 2010）。此外，需要注意到文本中的标点符号并知道它们的名字和用途。

音素意识：音素是最小的语音单位。音素意识指"关注并熟练地运用口语词汇音素的能力"（NICHD, 2000：2-1）。LPA（2004）认为音素意识主要表现为以下七个能力：音素识别（isolating phonemes）、首尾音混合（blending onset-rimes）、音素混合（blending phonemes）、音素删除（deleting phonemes）、音素分割（segmenting words into phonemes）、音素添加（adding phonemes）和音素替换（substituting phonemes）。音素意识是学会阅读的前提（Tompkins, 2010, p.155）。母语儿童在学会阅读前积累了一定的口语词汇，掌握了一定的语音知识，而阅读需要他们将音，即口语词汇，与词形、词意进行连接。当学生学习词形与词音的搭配知识和拼读规律时，音素意识会起到重要作用（Cunningham, 2007）。

拼读能力：指掌握并运用发音和拼写的搭配规则。对于儿童来说，根据 Koda （2007）的理解，单词认知能力的发展是建立在对形—音连接的理解基础上的。因此，掌握拼读规则可以帮助学生解码生词（Foorman et al., 1998）。掌握一定的拼读能力可有效促进读者视觉词汇的发展，加速单词认知的自动化，继而促进整体阅读理解。

阅读流畅度：阅读流畅度指阅读的准确度、速度和韵律（Rasinski, 2003）。阅读准确度指自动识别单词的能力（Tompkins, 2010），当读者不能准确地识别并理解单词时，阅读的流畅度就会受阻。虽然阅读速度因人而异，但流畅的阅读是有效阅读的前提，因此需要读者具有快速识别单词的能力，从而为读者腾出更多的工作记忆空间，而过慢的阅读速度往往是阅读障碍的表现。阅读韵律指读者根据文本内容，使用恰当的意群和语调进行朗读的能力。根据意群阅读可以促进阅读理解的准确度和速度，保持阅读的韵律可以使阅读更接近自然话语，有利于理解阅读的内容。

母语语言知识：母语语言知识包括语音、词汇、语法、篇章结构等方面的知识，这些都是读者在阅读理解过程中所需要用到的知识。事实上，以上所提到的文本概念、音素意识、拼读能力、阅读流畅度都是基于语言知识的阅读能力，体现了对语言知识的意识、运用技能和策略。

阅读技巧和策略：阅读技巧和阅读策略是达到熟练阅读的必要能力，人们经常将两者等同。Grabe 和 Stoller（2005）认为阅读技巧和阅读策略无明显区别，因为对于熟练读者来说，以上技巧和策略都是自动的，如阅读时跳过生词、为确定文本意义而重读等。但两者实则区别很大。Afflerbach, Pearson 和 Paris（2008）指出，阅读技巧是自动的、无意识的，而阅读策略需要读者有意识地控制和调整阅读活动。当阅读策略的运用逐渐自动化，阅读策略才成为阅读技巧。

2. 阅读品格

阅读品格主要包含阅读习惯和阅读体验。PIRLS（Mullis et al., 2009）的阅读评估框架将阅读品格界定为“阅读行为与态度”（reading behavior and attitude），主要考查学生的阅读量、阅读频率、阅读兴趣、阅读态度、阅读动机、自我评估等。PISA（OCED, 2013）并未在评估框架中提及阅读品格，但在界定“阅读素养”时强调了读者与文本互动（engagement）的重要性。而以上要素主要涉及读者的阅读习惯（如阅读量、阅读频率）和阅读体验（阅读兴趣、阅读态度、阅读动机和自我评估）。

三、外语阅读素养的内涵

鉴于已有文献尚未对学生外语阅读素养做过系统阐述，我们有必要基于母语儿童阅读素养构成要素的讨论，通过比较母语与外语阅读的异同，探讨我国中小学生外语阅读素养的内涵及其构成。

1. 母语与外语阅读之异同比较

中小学生进行外语阅读不仅需要上述六种阅读能力（文本概念、音素意识、拼读能力、阅读流畅度、语言知识、阅读技巧与策略），还需要具有目标语国家社会文化背景知识。Koda（2007）将读者的背景知识分为一般知识（general knowledge）、特定文化知识（cultural-specific knowledge）和范畴知识（domain knowledge）。一般知识指读者所掌握的世界知识和目标语语言知识，而范畴知识则指读者对特定领域的了解。以上两种知识均存在于母语和外语阅读中，但母语和外语读者对具体文化知识的掌握程度却大不相同。母语读者熟悉本国文化，更容易理解文本，而外语读者会因为缺乏可激活的相关知识影响其阅读理解。对于外语读者来说，背景知识，尤其是社会文化背景知识与语言知识同等重要，因为背景知识的缺失会影响对意义的推论，而语言知识有时可能也无法弥补对理解该文化的背景缺失。例如，一个不了解万圣节的外语读者和熟悉该节日的母语读者在阅读与万圣节相关的文本时，阅读理解的程度和效果是不一样的。所以，目标语国家社会文化背景知识是外语阅读能力的必要组成部分。此外，由于母语读者和外语读者处于不同的社会文化环境，其阅读品格也会受到其成长环境的影响而形成不同的阅读体验和阅读习惯。

2. 外语阅读素养的内涵

上文总结了母语阅读素养的内涵，并比较了母语与外语阅读的异同，由此我们提出我国中小学生外语阅读素养应包括“外语阅读能力”和“外语阅读品格”两大要素，以下对这两大要素做进一步的阐述。

外语阅读素养的构成主要借鉴文献中有关母语“阅读素养”的组成部分，即“阅读能力”（包含文本概念、音素意识、拼读能力、阅读流畅度、阅读技巧和策略、母语语言知识）和“阅读品格”（包含阅读习惯和阅读体验）。同时，在比较母语与外语阅读的基础上，将母语语言知识改为外语语言知识，补充了外语国家社会文化背景知识的新要素。

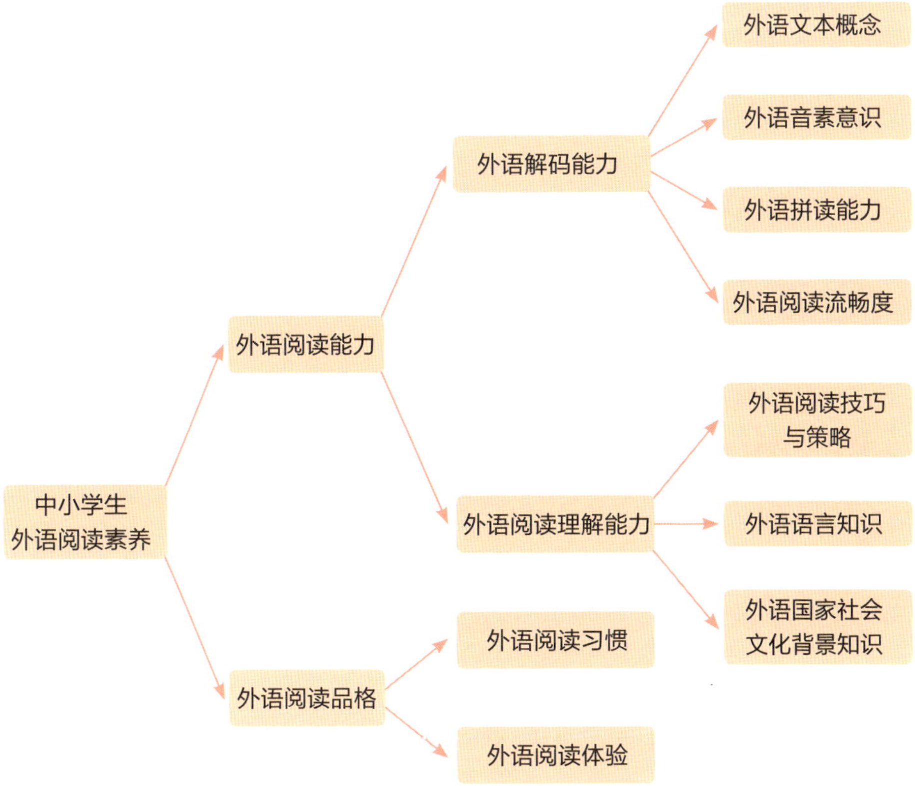

图 2.1　中小学生外语阅读素养的内涵

外语国家社会文化背景知识指读物中特有的相关社会文化背景知识，即文本背景知识，如特有的风俗习惯、宗教传统等。由此，外语阅读素养由“外语阅读能力”和“外语阅读品格”两大部分构成（见图 2.1）。第一部分，即外语阅读能力，分别由外语解码能力和外语阅读理解能力构成。这两个组成部分又包含了七个具体要素。其中外语解码能力包含了外语文本概念、外语音素意识、外语拼读能力、外语阅读流畅度等四个具体要素；外语阅读理解能力包含了外语阅读技巧与策略、外语语言知识、外语国家社会文化背景知识等三个具体要素。外语阅读素养中的第二大部分，外语阅读品格包含了外语阅读习惯和外语阅读体验两个组成部分。阅读习惯包括阅读量、阅读频率和阅读方法，而阅读体验包括阅读兴趣、阅读动机、阅读态度和自我评估。外语阅读能力和外语阅读品格相辅相成。阅读能力是阅读品格的基础，阅读品格是阅读能力持续发展的有力支撑。外语阅读素养中九要素之间的关系是一个既有交叉但又互为促进的关系，部分单词和语音知识同属语言知识和解码能力。快速的单词识别属于解码能力，而单词量又属于语言知识；语音知识是语言知识的一部分，而音素意识和拼读能力等解码能力也涉及语音知识。同样，外语阅读能力中的阅读技巧与策略同时也在外语阅读品格的阅读习惯中有所涉及。

经过五年的探索和调整，我们对中小学生外语阅读素养框架的子纬度进行了调整和优化（见图 2.2）：1）将语言知识和社会文化背景知识从阅读理解能力中剥离，将背景知识改为文化意识，并对两者的子维度进行了细化；2）将阅读理解能力中的阅读技巧与策略分为信息提取、策略运用和多元思维等三个维度，突出了思维能力的重要性；3）细化了阅读习惯和阅读体验的子维度。

如图 2.2 所示，阅读素养可分为阅读能力和阅读品格两大维度。阅读能力包含解码能力、语言知识、阅读理解和文化意识四个维度：1）解码能力指读者自下而上读取文本信息的能力，具体包括文本概念、音素意识、拼读能力和阅读流畅度；2）语言知识指阅读过程所需的目标语知识，具体包括词汇知识、语法知识和语篇知识；3）阅读理解即读者运用阅读技巧与策略理解文本信息的能力，包括信息提取、策略运用和多元思维；4）文化意识着重描述中国读者对英美国家文化不同层次的理解，包括文化感知、文化理解、文化比较和文化鉴别。阅读品格包含阅读习惯和阅读体验。我们结合当下中小学教学中的要求，从阅读行为、阅读频率和阅读量三个方面，对学生外显性的阅读习惯进行了分类。阅读体验强调读者从阅读中获得的情感成就，包括阅读态度、阅读兴趣和自我评估。

阅读素养各要素间联系密切，相辅相成。阅读能力有助于培养积极的

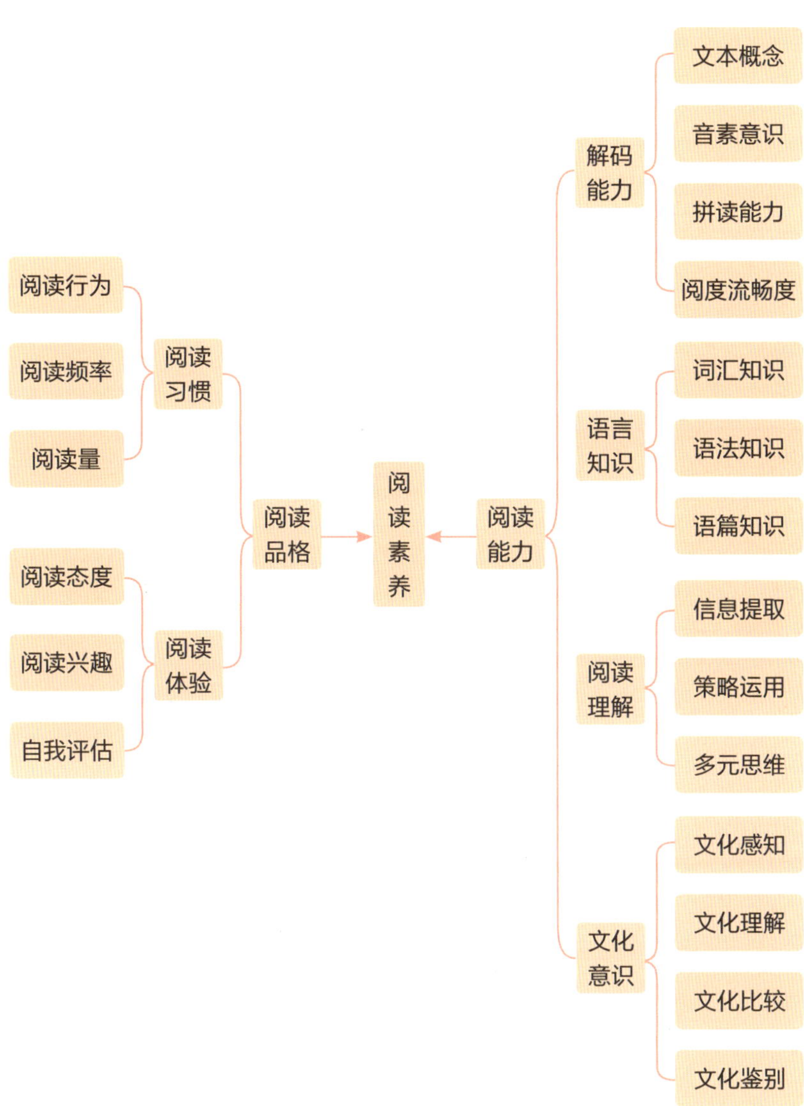

图 2.2　中国中小学生英语阅读素养发展目标理论框架

阅读品格，而阅读品格越高，学生阅读能力的发展空间也会越大，发展速度也会越快，进而形成一个良性循环，反之亦然。阅读能力和阅读品格子纬度之间的关系也非常紧密。例如，文本概念和音素意识是拼读能力的基础，而拼读能力的有效发展才能确保阅读的流畅度，进而促进阅读理解能力；语言知识是解码能力和阅读理解的基础，而文化意识是对语言知识的有力补充，能帮助读者更好地提取信息和理解文本；阅读习惯是阅读体验的外显形式，积极的阅读体验是养成良好阅读习惯的重要基础。

第二节 分级阅读

一、分级阅读的内涵

分级阅读（graded reading）是指按不同年龄段少年儿童身心发展的特点和认知思维水平，根据语言学习规律而选择确定阶梯式系列读物，以推动和促进青少年儿童阅读能力、思维品质、情感态度和价值观的发展，使他们在体验阅读过程和乐趣的同时学会阅读方法，提高阅读效率。

分级阅读中的分级涉及两个概念：读者的阅读水平和读物难度。对这两个概念的研究由来已久，但多数是单独进行的。

关于读者阅读水平的研究始于阅读阶段理论。多数研究根据学生的年龄和学段对其阅读发展进行总结。这些研究承认个体差异和环境对学生发展的影响，但也认为发展具有普遍的规律和阶段性。史料中记载最早的阅读阶段理论由 Gray 于 1925 年提出。Gray 将阅读发展与学校年级挂钩，将阅读发展分为五个阶段，细化了每个年级结束时学生所能达到的阅读素养水平。之后，Gates（1947）和 Russell（1949）提出了更为细化的阅读阶段理论，阅读阶段理论开始与学生的年龄挂钩。Ilg 和 Ames 在 1950 年根据大量的实证数据，分析了儿童从出生到10岁期间的阅读发展过程。Bloom （1964）将9岁界定为儿童阅读素养发展的重要阶段，认为9岁以前的儿童主要是学习阅读，培养自主阅读的意识并掌握一些基本的阅读技能，9岁以后才可以通过阅读学习知识。基于这一观点，Bloom（1964）将儿童的阅读发展过程分为前阅读期、解码期与后阅读期三个阶段。Chall（1983）在总结了前人研究的基础上，根据大量实证数据和多年的教学观察，提出了广为流传的六阶段理论，将阅读过程分为前阅读（假阅读期）、初级阅读和解码期、稳定和流利期、为学习新知识而阅读期、多种见解期、建构和重建期。此外，Frith （1985）和Ehri（1991）还提出了围绕单词认知能力的阅读阶段理论。然而，随着社会建构主义的推广，阅读研究更加注重社会文化因素对儿童阅读素养发展的影响，更加强调阅读发展的特殊性。因此，学界对阅读阶段理论的关注逐渐减少，相关实证研究的数量也出现了锐减。最近的阅读阶段理论（如Bear & Smith, 2009）多为理论设想或经验性阐述。

关于文本难度，研究成果也很多。英美学者早在二十世纪三四十年代就从不同角度对其进行了深入探究，且影响至今。Betts（1946）认为，学生词汇识别和阅读理解的比例能帮助教师确定绘本的阅读难度。如果学生能正确识别文章中99%以上的词汇，能理解90%以上的内容，此文可独立阅读；若学生能正确识别95%以上的词汇并能理解75%以上的内容，此文可教；词汇识别比例在90%以下，只能理解90%以下的内容，此文偏难，不适合教学和独立阅读。这种难度分级方式沿用至今。也有研究者，如Gray和Leary（1935）则认为，读物的难度受到289种读物特征的影响，其中影响最大的是读物的格式（大小、页数、纸张质量、打印类型、每行长度、封面设计、图表）、结构（标题、章节分布、段落分布、引用）、表达方式（词汇、句子、作者态度、体裁、文风）和内容（主题及其类属）。还有很多研究者对文本难度进行了量化，研发了很多计算公式，本文会在之后对此进行讨论。

分级阅读需要对读者的阅读水平和文本难度同时进行评估，进而进行匹配，这叫作分级阅读体系标准。英语分级阅读体系标准就是针对每个级别学生年级阅读能力发展的水平而制定的一套涵盖主题内容又包含能力水平的标准，是建构科学、符合学生语言和身心发展需要的英语分级阅读系列读物的基础。

二、国外分级阅读研究

分级阅读最初由美国学者在 19 世纪初期提出。1836 年，威廉·麦加菲（William McGuffey）开发了第一套供社会广泛运用的分级阅读标准，那时的分级阅读是将读者的阅读水平与年级水平联系在一起的。随着这一理念被接受并不断扩展，出现了多种不同的分级阅读标准。同时，这个理念在世界各国也得到了广泛传播与应用，在英国、加拿大、澳大利亚等众多西方国家，由于英语的共通性，分级阅读标准也一脉相承，在理论和实践方面也十分成熟。目前，在欧美国家普遍使用的分级标准主要有以下四个：

年级分级体系（Grade Level Equivalent）：年级分级体系按年级水平根据字母 A 到 Z 的顺序对文本进行分级，并且按照标准化的阅读水平测试来确定学生的阅读水平，最后根据学生成绩为其选择适合的分级文本。年级分级体系是一个常模参照的分级系统，如果一个学生通过测试得出他的级别为 2.3，那就代表他的阅读水平为常模中 50% 的学生在二年级第三个月时的阅读水平（即小学第二学年的 12 月，一般每年的 9 月为一个学年的开始）。目前，年级分级体系涵盖了从学前班到 6 年级（K–6）共七个等级。如果教师想要选择读物来进行阅读教学，或为孩子选择辅助性阅读图书进行科学、社会等学科的学习，使用该分级体系进行搜索会比较精确。

指导性阅读分级体系（Guided Reading Levels）：指导性阅读分级体系是美国使用非常广泛的一个阅读分级系统，是由阅读专家艾琳·方塔斯（Irene C. Fountas）和盖·苏·皮奈尔（Gay Su Pinnell）经过长期的研究和教学实践总结出的一个体系性很强的分级体系。指导性阅读分级体系是针对学前班到 8 年级学生（K–8）的一个精确的图书分级标准。它按照字母 A 到 Z 的顺序将图书分为 26 个级别，A 级最简单，Z 级最难。在对图书进行分级时，考虑文本的以下几个主要特征：（1）词汇难度，句子和文本的长度；（2）字体大小和排版；（3）主题和概念；（4）语言结构、文本结构和类型；（5）语言的可预测性和模式；（6）插图的支持性等。与图书分级系统配套的还有一个阅读能力标准考试，在确定了儿童的阅读水平之后，教师会实施班内分组教学，将阅读水平相当的学生安排在一个组内。然后教师根据观察结果进行分级阅读教学，向学生传授阅读策略，将其引向下一个难度水平。因此，这个分级体系中，每个年级水平对应多个阶段，例如，1 年级对应的指导性阅读水平是从 B 到 I，2 年级对应的指导性阅读水平是从 H 到 M。

发展性阅读评估分级体系（Developmental Reading Assessment Levels）：发展性阅读评估分级体系也是欧美阅读教育界使用比较广泛的分级系统，在乔塔·毕佛（Joetta Beaver）的著作 *DRA Developmental Reading Assessment K–3 Teacher Resource Guide*（Celebration Press, 2001）的基础上发展起来，并逐渐被阅读教育者接受。发展性阅读评估体系是确定学前班到 8 年级（K–8）学生学习独立阅读水平的一个阅读评估工具。发展性阅读水平评估体系由 A 开始，然后改为用数字表示从 1 到 80 的不同级别，A 级是最简单的图书。教师通过标准化测试获得儿童的 DRA 成绩后，就能将学生的成绩与适合的图书匹配起来。

蓝思分级体系（Lexile Levels）：蓝思分级体系是由美国一家名为 MetaMetrics 的教育测量公司开发的。蓝思分级体系的文本测量是以计算程序为基础的，通过这个计算程序测量单词数量和句子的长度，从而经过公式计算得出文本难度。蓝思分级体系不仅对文本难度进行测量，而且还可以对阅读者的阅读能力进行评估，其级别呈现形式均为在数字后面加“L”，例如“850L”。蓝思刻度表的分级范围从 0L 到 1700L。

以上分级标准各有优势，而且可以相互参照，形成了良好的分级阅读共同体。这使得分级阅读在欧美国家非常普遍，认可度很高。绝大多儿童读物都有分级，方便家长和教师进行选择，建构了良好的阅读氛围。

三、国内分级阅读研究

令人欣喜的是，分级阅读的概念已经开始在国内语文教育领域得到重视。虽然现阶段的研究还只停留在制定中文分级阅读标准上，但已经为此成立了专业的学术研究机构推动分级阅读在中国的发展。目前，主要研究机构有南方分级阅读研究中心、接力儿童分级阅读研究中心、华东师范大学学前教育分社以及中华女子学院教育学院等。在 2009 年，南方分级阅读研究中心发布了其分级标准文件，包括《中国儿童青少年分级阅读水平评价标准》和《儿童青少年分级阅读内容选择标准》。2010 年，接力儿童分级阅读中心发布了《接力儿童分级阅读指导手册（2010 年版）》。

分级阅读概念也进入了外语教学领域。然而，在 2011 年，我国对外语分级阅读未进行过系统研究。市场上不乏从国外引进、为母语儿童量身定制的英语读物。这类读物一般没有本土化，内容与难度有时与我国儿童的英语阅读水平不符。还没有专门机构或个人立足于我国儿童英语阅读素养的发展过程和特点，对此类读物的适用性和分级标准进行过研究。这使得家长在为孩子选择课外英语读物时常常感到困惑，教师也因缺少合适的阅读资源而“不作为”或“乱投医”。

鉴于以上情况，我们在 2011 年启动了全国教育科学规划专项课题——“中国中小学生英语分级阅读体系标准研制”。本课题旨在通过研究与开发符合我国中小学生能力发展规律的英语分级阅读体系标准，提升我国中小学生英语阅读素养以及与阅读相关的其他各项综合能力，并指导英语阅读教学。

经过五年的努力，课题取得了丰硕的成果。对阅读研究而言，本课题的实施能丰富现有的英语阅读研究，为阅读实践提供理论和实证依据。课题研发的中小学生英语阅读素养标准可以让广大的教育工作者、英语分级读物开发者和广大家长更好地了解我国中小学生英语阅读素养的发展过程、特点和教学影响因素，为建构适切的阅读教学模式，开发适合学生发展特点的分级读物，辅助学生进行课外阅读提供了指引。

对教学实践而言，课题的实施有利于教师更新教育教学理念，提高教学技能和水平，优化教育教学实践，促进其专业化发展，继而为学生的健康发展打造良好的学习环境，为建设学习型社会奠定坚实的基础。对学校而言，课题的实施有助于推进校本课程的开发，提升学校的办学质量，拓展学校的发展模式，为拓展和深化基础教育课程改革提供机会。

四、结语

分级阅读是一个系统工程。比起欧美成熟的分级阅读标准，我国外语分级阅读还有很长一段路要走。首先，我国外语分级阅读标准刚刚出炉，需要在教学实践中进一步优化。其次，现有分级标准主要根据学生的年级进行分级，未来需要开发一个高度精确化且操作方便的测试系统来细化学生的阅读素养水平。此外，分级阅读教学也处于起步阶段，尽管分级阅读的理念越来越被认可，但对其内涵、意义，尤其是具体教学模式的理解还不够深入，需要教师和阅读研究人员深化研究，扩大影响范围，让更多的小学生受益。

第三节 全语言教学

一、全语言教学观定义

全语言教学观（英文为“Whole Language Approach”，也译作“整体语言教学观”）是20世纪70年代出现在美国教育界并对美国的阅读教育产生极大影响的一种教学观。全语言是语言教学中的一种教育哲理。它是一种关于学习的本性以及如何在课堂和学校中实现真正意义上的学习理念，或是指一种教学（学习）环境，在这种教与学的环境中开展与这种全语言教学的教育哲理相符合的教学活动（戴炜华，2001）。换言之，全语言是一种教育哲学观，而非某种具体的教学法。教师们在实施全语言时，它所表现出来的形式可能是多种多样的，但这些实际的学习活动必须符合全语言的哲学思想。全语言教学观的重要领军人物Goodman（1986）指出，全语言教学是一种以学生为中心的教学观，是以“儿童本位”及“建构主义”为基础的语言教育理念，是基于对学习观、语言及语言教学观、语言教学课程观等几种相关的重要理论进行充分研究后而提出的，具有坚实而科学的理论基础。全语言主张语言是整体的，由语意、语形、语用组成，不可分割；语言中的音、字、词、短语等，都只是语言片段（邢立君、任惠珍，1997）。然而，语言的学习并不是从片段开始，而是先整体感知，然后认识整体中部分之间和部分与整体之间的关系。所谓“书读千遍，其义自见”，当读者整体感知后再去理解其中的只言片语，就不是很难，而反过来，如果只懂得一个一个孤立的单词、短语或句子的意思，很容易“见木不见林”，并不能保证我们对文本整体意思的把握。读者可能也遇到过在读一段文字时，没有一个生词，但就是不知道所读这一段想要表达什么意思。Goodman从心理语言学的观点出发，他指出：阅读并不是一个字母接一个字母或一词接一词的逐词编码过程，而是一种“心理语言的猜谜游戏”，是读者自然地根据文字的词形、词音、语法及语意等线索，来建构文章的意义，从读者对该文字所要传达的预期信息，以及从语言如何发生作用的常识来推测，读者选择性地抓取文字，并同时运用这几种线索系统，最后建构文本的意义。也就是说，语言学习是先整体再局部的渐进过程。

简言之，全语言的“全”就是要求我们在教学时要从学习者、学习、语言学习、教学、教师角色、课程等全方位来进行考虑，强调尊重学习者的好奇心、意愿、探究意识，鼓励他们创造性使用语言，主张语言学习应该是自然而真实的，学习的重点是真实的言语及语篇的“意义”而非语言本身。概括起来有以下几点（Goodman，1986；安桂清，2007）：

首先，语言学习者是一个完整的人，应该得到尊重和爱护。语言学习必须以学习者为中心，学习的目的是体验使用完整的语言，表达自己的思想，而不是鹦鹉学舌，简单模仿。教师要鼓励学习者自己探究，大胆尝试运用语言，实现自己的交际目的，对他们在尝试交流过程中出现的错误给予宽容的态度，保护他们的自信心。

其次，语言是自然发展的人类活动，是为了交际目的而存在的社会现象。语言与学习者的真实生活密不可分，语言的发展是在自然真实的环境中，通过与他人展开交流而获得的，无法通过脱离语境、机械重复的操练来获得。

再次，语言学习的重点是真实话语或阅读文本的意义而非语言本身，这意味着把语言分割成听、说、读、写或肢解为语音、词汇、语法，然后孤立地进行单项训练是没有意义的。全语言会为学习者创造完整的情境，为意义的生成提供背景，用有意义的学习让语言学习变得更加容易。

综上所述，全语言主要强调学习者的整体性、语言本身的整体性以及语言学习情境的整体性。

二、全语言教学观的主要原则

全语言教学观的主张与一般的语言教学观念迥然不同，它认为语言教学应该具有相关性、目的性、有意义并尊重个体差异（Goodman，1986）。学习者所学语言一定是有意义的，与他们的生活息息相关。学习者使用语言实现自己的目的。因此，教师应该懂得尊重学生的语言，无论其正确与否。此外，教师应该把重点放在意义的交流上，让学生通过具有真实交际目的的听、说、读、写等实现自然的语言学习。全语言的主要原则可归纳如下（Goodman，1986；安桂清，2007）：

1. 语言学习的过程是从整体到部分

在传统的教学中，许多教师都认为让学生先学单词再学篇章是再自然不过的了，然而这种做法缺乏心理语言学根据。事实上，把语言割裂为部分从而使其脱离了上下文的做法增加了语言学习的难度。许多情况下，学生在努力学习了部分之后对整体失去了兴趣和信心。就好像我们在看了一道菜的配料之后可能根据某种配料的味道推测这道菜不好吃，从而也就对这道菜失去了品尝的兴趣。全语言教学观认为，语言的教学要从整体到局部，使用完整的材料，在上下文和语境中教授技能。以主题和意义组织教学，重视语言的功能性，鼓励学习者根据上下文和线索猜出意义，提高阅读理解能力（史大胜、熊梅，2010）。所以在全语言教学中，教师要充分了解和相信完整的语篇能给学生提供丰富的语言，同时教师们也应当认识到学习的一个重要特点是从语篇中提取有用的信息和知识，建构意义。只有当学生感受到阅读和写作所带来的乐趣，他们才会喜欢主动地运用所学语言去读、去写，这样的语言学习才是有效的。在 Goodman 看来，读者能够对所读文章有自己的理解比能够正确地读出文章中的每个单词要重要得多。正如我们可能因为品尝到一道菜之后觉得好吃，然后才会有兴趣去了解这道菜有哪些配料，是如何做成的。

2. 真实的语言是语言学习的中心

教师要努力在教室创造一个真实运用语言的环境，让学生沉浸在一个语言的世界。无论是对硬环境的布置，还是软环境的创设，都需要考虑语言文字的呈现方式和使用目的。比如，教室中随处可见的书籍、杂志、报纸、标识、海报等带有文字的材料。学生的习作都是按照他们自己的兴趣写成的（Goodman，1986）。此外，学生在说话、阅读、写作时并不只是在上课，更多的是读自己喜欢读的内容，写自己的真实感受，并与他人进行内容、情感、思想等方面的交流。做练习册、抄写、背单词等活动绝不会出现在全语言教学中。全语言教学反对机械使用句型操练和分级教授语言，而是主张自然的、以儿童为本位的学习观，主张教师、教学和学习都从儿童的角度出发，由学习者根据自己的兴趣和需求，通过具有实用性和有意义的学习，达到发展提高语言能力的目的（史大胜、熊梅，2010）。

3. 语言技能同步发展贯穿语言学习始终

全语言认为，语言的知识、技能和运用是一个整体，语言所表达的内容也是一个整体，教师不应离开语言所表达的内容去教习语言。全语言教学反对孤立地教拼读能力和阅读策略（Goodman，1986），因为语言不是靠拼读和策略学会的，语言应该是自然地表达内容，而教师则应积极鼓励学生去联想，力求做到文内文外融为一个整体，从而达到学生自然运用语言去表达真实思想的效果。全语言认为儿童的读写能力是与听说能力同时发展的，不需要先发展听说能力再发展读写能力，应该在儿童接触文字的初期就鼓励四种技能同步发展。学生的读写能力应该是在每天阅读与写作的训练中自然得到发展的。全语言教学尤其认为阅读和写作是一种自然、联动的过程，强调读写结合（Blanton，1992）。教师可以围绕某一主题展开整体语言教学，努力创设真实的语言应用环境，鼓励学生通过阅读获得信息，让他们感到自己的的确确通过语言去理解并欣赏了一个故事，在这个过程中，自然而然地获得阅读能力的提升。之后，教师可以组织学生根据文本中有关问题谈自己的感受，表达一份情感或思想，并写成文（牟金江，2010）。读写结合是对意义建构的最直接推动力和展现方式，它要求学生去不断思考所读内容并将自己的感受与他人分享。当然，教师要对学生在读写过程中出现的问题表现出宽容并给予极大的鼓励，让他们以自己喜欢或擅长的方式去学习。

4. 赋权是语言学习的核心

在教学过程中给予学习者和教师自主权和决定权，并赋予他们建构意义的自由等理念是全语言教学观的核心。学生是学习活动的主体，选择什么样的内容才是学生感兴趣的或与他们的经历有关是教师首要考虑的问题（当然，能让学生自己去选择要阅读的材料或话题更好）。如果教师和学生能够自主选择学习内容，他们就能够获得强烈的学习动机，有了明确的学习目标，学生就可能不惧困难，不怕丢面子地努力尝试。无论是主动建构意义还是提出质疑，学生都会把重点放在意义上而不会因为自己所用的语言出现语法错误而感到焦虑。意义在学习和交流中占绝对优先权，教师不必过分强调语言的准确性。虽然，学生的第二语言水平可能比较低，但教师不能把他们看成一张白纸，而是要鼓励他们把自己丰富的生活经历和语言学习天赋及语感带入课堂，他们自身的知识和经验对文本意义的理解更为重要。因此，我们也要鼓励孩子们在阅读过程中不断带入自身的感受，从而实现与文本的互动，尊重他们依据自身经验所做出的推测和理解，这样有助于激励学生自主学习，提升学习效率。在一个实施全语言教学理念的课堂里，我们可以看到这样的景象：学生和教师共同计划要做的事情，什么时间做，如何做，需要什么材料，如何获得和发放材料，学生在课堂的位置等（Goodman，1986）。

5. 尊重个体差异，实现个性化评价

全语言特别强调对学生应给予充分尊重和信任，所有学生都是有能力的，我们可以给每位学生都设立远大目标。但是我们应该理解学生的发展过程是不同的，所需时间也是长短不一，他们都是不断发展的，即使暂时处于不理想的状态，教师也不轻易否定和放弃。全语言关注的是学习的过程而不是结果。因此，教师要对学生进行个体评价和跟踪评价，要尊重个体特点，不以一个标准去衡量所有学生。全语言中的评价大多是由教师观

察与记录为主，学生有时也会做自我评价。学生的发展与成长主要反映在他们的学习活动及作品的档案袋中，有时也包括学习日志和教师的观察日志等。

与其他教学观一样，全语言教师也有责任让学生付出努力并学有所获。但更为重要的是，教师要看到学生真的思考了，会解决问题了，而不是检查他们是否记住了某些知识。全语言教学中，教师要始终关注意义，让学生不断地反思所读内容并与自己已有知识建立联系（Chow，Dobson，Hurst & Nucich，1991）。那么，什么样的教学违背全语言教学观（Goodman，1986）呢？

- 孤立地教阅读策略而不是让学生通过阅读自然提升阅读能力；
- 为了使阅读文本简单而严格控制语言结构和词汇，这样的阅读不够真实；
- 为了学习如何阅读和写作而去读书和写作，使学生失去兴趣，体会不到语言的真实交际作用；
- 对读写能力的评价基于对一些微技能的测试，使学生追求技巧而非内容的表达。

三、全语言教学观的教学实施

全语言注重读写。在低年级课堂，教师每天都会给学生讲故事（也包括诗歌、报刊文章等），学生轻松愉快地听故事，积极参与讨论。此外，学生每天也会有固定的时间自主阅读，教室里应放有多种类、多级别的阅读材料，这些阅读材料应包含所有学生需要的或者想要阅读的材料和想要写的内容。我们需要给学生提供大量休闲类的书，故事类或非故事类的都可以，这些书应该是不同难度的，符合不同阅读兴趣的学生（Goodman，1986）。我们还可以给学生提供资源类的书，特别是那些专门为在校学生写的资料书。这样可以供学生自由选取。同时，学生每天都会有写作任务，可能是读后感，可能是仿写，也可能是自由日记。“当读和写成为课程持续不断的重要部分，学生们就会用作者的眼光去阅读，阅读写作所需要的背景知识，而那种为表达自我和反映社会而写作的需要会影响和激发学生去写作。在写作中，学生们又渐渐会养成有意识地运用阅读中得到的资料并遵循写作的习惯”（覃修桂，1996：16）。到了中学高年级，教师可能会按照主题来组织教学，围绕一个主题，教师可能会准备录像、阅读材料，学生接受了这些信息之后，就某个专题进行讨论，然后形成自己的观点，通过写作完整地表达出来。全语言教师组织学生一起读故事、讲故事、写故事，一起分享读后感，完成读写任务等，每个教学活动都要求学生用语言去做事情，或质疑，或评价，或解释，或澄清观点（Harlin & Lonberger，1991），这样就可以实现听、说、读、写各项技能的同步发展。教师可以采用 ETR 教学模式：

E 代表经验（experience）。教师通过激活学生和话题相关的已有知识经验，组织讨论，导入故事。

T 代表语篇（text）。教师鼓励学生分享自己读到的、读懂的内容以及自己的理解和评价，而不是组织学生进行阅读理解题的问答活动。

R 代表关联（relationship）。教师鼓励学生将故事中的事情与自己的生活经验建立关联。

除了一些具体的做法可供教师借鉴外，全语言教师还有一项比较重要的任务，那就是要成为学生效仿的对象。他们需要向孩子们展示如何阅读，可以跟孩子们分享自己读的故事，谈论作者，示范如何选择读物等。当孩子们自己阅读时，教师也阅读而不是在教室里来回走动或改作业，这会给孩子们一个清晰的信号，那就是静静地读书非常重要，也很让人享受。这种活动最好是定期进行。SSR（持续默读）就是一个非常好的方式。教师每次上课可以留出 5—10 分钟师生自由阅读的时间，即便其他活动都不做，这样单纯的阅读就能非常有效地提升学习效果，培养阅读兴趣和习惯。当学生完成写作的时候，教师也要记录自己的日志。为了鼓励孩子们勇敢分享所写内容，教师首先应该让孩子们读自己的日志并邀请同学们就内容展开讨论。在这个过程中，教师可以让孩子看到自己是如何选题、如何定题等。这些对学生都是非常重要的学习内容（Harlin & Lonberger，1991）。

四、全语言教学观的局限性

尽管全语言教学有其明显的优势，主张在真实语言环境中让学生完整、全面地体验和使用语言，强调尊重学生，考虑他们的实际能力和兴趣，因材施教，提倡语言技能的同步发展，提升学习效率。但是，与其他教学观一样，全语言也有其局限性，主要表现在以下几个方面（覃修桂，1996；卢凌，2002）：首先，全语言对教师水平要求太高，不但要求教师的语言水平足以能够和学生开展深度交流，还要求教师抛开教材，自己收集并筛选大量资料，编排教学内容，设计真实的语言交际活动，引领学生发现问题、思考对策等。这对我国中小学英语教师是一个严峻的挑战。其次，全语言要求教师给学生赋权，尊重个体差异，这就可能使得每个学生所读内容、所写内容都不相同，教师为此要花费大量时间进行个别交流和辅导，这在中国大班教学的现实面前，难度可想而知。再者，全语言强调听、说、读、写技能的同步发展，认为这些能力可以自然习得。然而，在我国，英语学习缺乏丰富的语言环境，在输入明显不足的情况下，如果忽视对学生的读写技能进行有系统地教学而没有给学生提供明确的反馈，那么学生可能会出现大量的语言错误并一直得不到纠正。久而久之，他们也可能会因为错误的表达方式影响交际，又或者因为缺乏有效的表达方式而放弃使用英语。最后，我们还要正视我国传统考试制度对教学的反拨作用。无论是中考还是高考，都未能全面考查学生使用英语（口头及笔头）进行交际的能力。因此，虽然不少教师也赞成要培养学生的语用能力，但在实际教学中还是偏重语法、词汇和练习题的教学。全语言如果不能很好地考虑测试的因素，实施起来也会非常困难。

由于全语言教学有自己的局限性，而它极力反对的拼读教学也有自己的长处，后来的阅读教学试图将全语言和拼读教学两者综合，发展“均衡阅读教学法”，该理念强调二者的融合，即包含全语言强调的意义，也包含拼读教学强调的解码能力，这样的阅读教学易于接受，也能够有效推动学生阅读素养的发展（史大胜、熊梅，2010）。

五、结语

总体而言，全语言的源起给我们带来了一个新的角度和新的启发，它所秉承的相信每个孩子，不抱怨，不嫌弃的理念是教育的真谛。全语言教学是融合了多个语言与语言教学基本理论的教学理念，它并不是一种具体的方法，教师应该借鉴和吸收全语言的理念，针对自己的学生，探索和研究出适合他们的教学模式和方法。

第四节 故事教学

一、引言

在儿童学习母语的过程中，故事起到了很重要的作用。他们通过听、读、看故事获取语言知识，借助故事情境内化语言知识，并基于演、讲、写故事输出语言知识，巩固已学知识。这一规律同样也适用于外语学习。在我国，虽然程度和范围不同，教师普遍具备了利用故事进行外语教学的意识。然而，在实施故事教学的过程中，由于教师对其内涵、意义、原则的把握程度不同，实施效果也不尽相同。

本节首先帮助教师们理清故事教学的具体内涵和故事教学对儿童语言学习的意义，之后讨论故事教学的原则，并在此基础上详细讨论如何在分级阅读中实施故事教学。

二、故事教学的内涵与意义

1. 故事教学的内涵

从功能上看，故事是一种叙事手法，是一种文学体裁，是人类储存和传播知识、文化以及价值观的媒介，是儿童习得自然和社会运行原则的重要渠道。在社会历史理论中，故事是中介工具，是人际间交流的产物和目标，是促进儿童高级心理机能发展的途径。由于以上原因，故事本身必然蕴含了特定的社会功能。有些故事用来讲授道理、渗透精神、强调原则，有些故事则探索规律、显示智慧，有一些就只是为了宣告事实（李静纯，2012）。在小学教学中，故事具备以上所有功能，但其首要功能是语言输入和知识习得，促进学生的语言发展和全人发展。

从内容上看，故事种类颇多。故事可源自真实的历史事件、名人传记，可以是童话故事、寓言故事、神话故事、民间故事，也可以是虚构的科幻故事、生活故事和幽默故事。总的来说，这些故事都具备以下几个要素：1）主题：故事的核心思想；2）情境：故事发生的时间和地点；3）角色：故事中出现的人物；4）情节：故事的起因、发展和结尾。小学外语教学通常使用寓言故事、童话故事、科幻故事、生活故事等主题明显，情节生动，角色鲜明，适合儿童的认知发展特点，贴近儿童生活的小故事。

从使用情况上看，小学外语教学中的故事有以下三类：1）教材自带的小故事，服务常规教学，系统性强但故事情节不够生动；2）教师自己搜集的、用于穿插主体教学的小故事，辅助常规教学，灵活性强但不宜搜集且操作难度大；3）英语分级绘本，可辅助或替代常规教学，根据学生语言和认知发展的特点编写，内容丰富且系统，是小学英语教材的有利互补。本书第三章会着重介绍如何利用分级绘本进行故事教学。

外语教学中的故事教学并非指简单的讲故事，而是以故事为素材，利用故事丰富的情境和趣味性，开展与故事相关的多种教学活动，促进学生外语语言能力、思维能力、想象力等多种素养协同发展的教学策略。这些教学活动可以包括听故事、看故事、读故事、讲故事、写故事、演故事及其相关活动。《义务教育英语课程标准》（中华人民共和国教育部，2012b）在分级目标中对小学阶段的故事活动进行了具体的要求：一级目标要求学生能在图片和动作的提示下听懂简单的小故事并做出适当的反应，能在图片的帮助下读懂简单的小故事，能看懂语言简单的英语动画片，能做简单的角色表演；二级目标要求学生能听懂简单的配图小故事，能借助图片读懂简单的故事或小短文，并养成按意群阅读的习惯，能正确朗读所学故事或短文，能在教师的帮助和图片的提示下描述或讲述简单的小故事，能在教师的帮助下表演小故事或小短剧，能看懂程度相当的英语动画片。可见，故事是小学英语教学的重要载体，为学生学习语言知识、提升语言技能、形成学习习惯、养成语言素养提供了内容和情境。

2. 故事教学的意义

故事教学符合小学生的认知发展特点，能有效促进他们的语言和全人发展。首先，从故事自身特点来看，故事教学的意义主要体现在以下几点：

（1）故事图文并茂。根据 Piaget（1972）提出的认知发展理论，小学生处于具体运算阶段，其思维主要基于客观世界，无法像成人一样进行抽象思维。小学阶段的故事通常配有插图，这些图片可以帮助学生推测文本内容，帮助学生更好地理解文本内容，减少阅读焦虑，有助于提高阅读兴趣和持续阅读的动力。此外，图片能让学生更多地关注意义而非只是语言形式，形成良好的阅读习惯。然而，这种习惯的形成起初需要教师的正确引导。由于年龄特点，学生在刚接触图文并茂的故事时通常会关注图片而忽略文本，将故事作为图片册来欣赏。这主要是由于学生不知道如何阅读故事，不了解文本作为故事内容主要载体的作用。教师应帮助学生养成良好的文本意识，让他们逐渐形成兼顾图文的阅读习惯。

（2）故事富含情境。阅读的本质是读者和读本之间进行对话的过程，这种对话需要两方具备相同的知识基础。这种知识不仅局限于语言知识，还可以是普遍知识。这就是为什么有些故事容易理解，有些故事却生涩难懂的原因。对于小学生来说，这一状况更为突显，他们“能够形成概念，发现关系，解决问题，但是所有这些都必须与他们熟悉的物体和场景有关”（罗伯特·斯莱文，2004，p. 29）。小学外语教学中的故事通常都贴近儿童生活，容易唤起学生的相关背景知识，让他们更易于理解故事内容，并形成自己对文本独特的理解，完成与读物的有效对话。此外，丰富生动的情境能让学生在轻松的氛围中学习和产出语言，促进他们语言知识的积累和语言技能的发展。

（3）故事语言重复性高。故事，尤其是在分级绘本中的词汇和句型经常重复出现，增加了输入频率，有助于教师设计连续性的教学活动和学生的偶然性习得。这一特点在词汇习得方面尤为明显。重复出现的外语词汇通常都是常用词，是构建学生词汇库的视觉词汇，是阅读顺利进行的词汇基础。此外，重复出现的句型结构还蕴含着大量的短语和语法结构。虽然小学低年级不会进行显性的语法教学，但这些结构能帮助学生逐步积累隐性的语法知识，为之后显性的语法学习奠定基础，也为语言输出提供了资源和语感。更重要的一点是，这些语言是在生动的故事情境中呈现的，因此学生能在愉悦、轻松的氛围中理解、获取和习得知识。

其次，从故事教学中的各种活动来看，其作用和意义则体现得更为明显：

（1）听故事的过程是见证意义建构的过程。多数故事配有录音，但其录音效果则不尽相同。好的录音能借助背景音乐和讲述者的声音变化让学生身临其境，与文本进行有效互动。然而，比起看书听录音，听教师或同学讲故事则更能体现意义建构的过程。学生能与讲述者进行近距离的互动，更有参与感和体验感。

（2）读故事是语言输入的重要途径，是培养学生整体阅读素养的必要方式。读故事是最普遍、最基本的故事教学活动。它不仅能帮助学生积累语言和背景知识，还能增强他们的文本概念、拼读能力、阅读流畅度、阅读策略，帮助他们形成良好的阅读品格。从方式上来看，阅读可分为朗读和默读，两者各有侧重。朗读注重培养阅读流畅度，默读则更注重语言理解和阅读体验。在小学外语教学中，教师通常采用多种形式的朗读活动，而默读活动则不太常见，这不利于学生对故事阅读形成积极的体验。教师应同时强调朗读和默读。

（3）讲故事和表演故事是语言输出的有效途径。小学生表现欲强，喜欢结合身体语言呈现自己对故事的理解。在讲故事和表演故事的过程中，学生能学会把握故事主题和主线，加深对故事内容的理解，巩固在听故事和读故事过程中习得的语言知识。然而，需要注意的一点是，讲故事不等于复述故事。讲故事和表演故事一样，需要加入学生自己的理解，不必一直拘泥于故事细节。教师可帮助学生总结故事梗概，让学生自由发挥，形成他们对故事的独特理解，继而激发和维持他们对故事的浓厚兴趣。

（4）写故事是系统地输出语言知识的重要途径。除了讲故事和表演故事，教师可以要求学生在阅读故事后对其进行改编、续写、仿写等写作活动。这不仅能让学生加深对文本的理解，巩固已学知识，增强拼写能力，还能培养他们对故事脉络的把握，加强他们对故事的兴趣。

此外，在故事教学中，全人发展与语言发展同时产生。Brewster, Ellis 和 Girard （1992）列举了故事教学对学生全人发展的作用：1）有助于情感态度价值观和道德素养的发展。故事具有趣味性，帮助学生对外语学习形成积极的态度和持续学习的动力；2）故事锻炼学生的想象力。当学生阅读故事，他们会身临其境，产生共鸣，继而对故事形成自己独特的理解。这一过程能有效促进他们创新思维的增长；3）故事是连接想象世界和真实世界的桥梁，为儿童提供理解日常生活的途径，让他们更好地融入家庭和学校生活；4）在课堂上听故事是一种分享体验。读故事和写故事通常是个体活动。讲故事能引发集体反应，听者同时感到快乐、悲伤、激动和期待。这一过程不仅是愉悦的，更能帮助儿童建立自信心，促进他们的情绪发展；5）在听故事的过程中，故事能借助视觉线索（图片和插图）、学生已有的普遍知识和语言知识，锻炼学生的听力和专注力；6）故事具有跨学科性，为学生的持续学习创造机会。

三、故事教学的原则

1. 选择故事的原则

在故事教学中，选对故事尤为重要。Morgan 和 Rinvolucri（2012）认为故事必须让学生感到有趣且能激发思考。李静纯（2012）认为故事应具备以下几个特点：1）故事应当对于学生具有终身的价值；2）故事长短应适合学生接受的时间；3）故事情节应适应学生的理解；4）故事应当适合学生展开活动；5）故事应当利于学生复习语言知识；6）故事应当具有适合学生当前水平的难度；7）故事应当能够引起大部分学生的学习兴趣。总的来说，在选择故事时，教师应根据学生认知与语言的发展特点，从难度、题材、体裁和编排等各方面进行认真考量。

教师应遵循以下原则选择故事：

（1）故事内容应难度适中。如上文所述，文本难度可以分三种：学生能认识 99% 以上的词汇，能理解 90% 以上的内容，教师可以让学生自己读故事；学生认识 95% 以上的词汇，能理解 75% 以上的内容，学生需要在教师的指导下进行阅读；学生认识的词汇在 90% 以下，只能理解 90% 以下的内容，故事属于偏难，不建议选用。

（2）故事题材和体裁应能激发学生的阅读兴趣。如上文所述，小学生喜欢贴近学生生活、情境丰富、情节生动的故事。然而，学生存在个体差异，年级、年龄、性别、阅读习惯等多种因素都会影响他们对故事的喜好。对此，教师应根据具体情况，通过试读、摸底调查等多种方式了解学生的阅读偏好，选择合适的故事进行教学活动。

（3）故事的编排也不容忽视。Gray 和 Leary（1935）认为故事编排影响阅读难度，进而影响整体的阅读效果。他们总结了 289 种影响阅读难度的文本特征，其结论影响至今，其中包括读物格式（大小、页数、纸张质量、打印类型、每行长度、封面设计、图表）和读物结构（标题、章节分布、段落分布、引用）两类有关故事编排的特征。

2. 设计活动的原则

在设计故事教学活动时，教师应遵循以下原则：

（1）教学目标适切。故事可用来辅助常规教学，也可单独用来培养特定的外语语言技能。如果用来辅助常规教学，教师可利用故事引出学习主题，呈现和总结知识，或者辅助特定的教学活动（李静纯，2012）。故事也可用来训练听、说、读、写等语言技能，其中阅读活动最为常见。故事用途不同，故事教学的目标也不尽相同。以阅读课为例，教师可用故事来培养学生的阅读技巧和策略，用故事作为媒介培养他们的拼读能力，也可通过持续的故事教学来培养学生整体的外语阅读素养。

（2）遵循认知规律。在设计教学活动时，教师应从教学步骤和活动细节上把握儿童在提取信息时的认知规律。

首先，教师应激活学生的背景知识。背景知识能帮助读者更好地理解故事内容。例如，在阅读一则关于春节的故事时，学生即使遇到了一些生词也不会感觉生涩，这是因为他们了解春节的背景知识。但是，如果遇到了一篇有关复活节的故事，学生可能会觉得难度加大，因为他们对这一节日的了解不够深入，影响了阅读理解。

第二步是预教生词。故事总会包含一些新的词汇和句型结构。有些教师认为应该在进行故事教学之前就需要将这些新的内容教给学生，其实并不一定。实际上，我们并不需要预教所有生词和结构。没有了生词，学生就没有机会体验独立寻找意义的过程。所以，教师只需要预教关键词，即那些会影响阅读理解的词汇，其他词汇可以留着让学生自己解构其意义。

第三步是呈现故事。呈现故事时，教师首先应特别强调让学生观察和理解语言情境，因为意义建构依赖情境。其次，教师应该给予学生表达想法和感情的机会，这样学生才能观察、思考和体验故事中的语言。此外，教师可结合图片和肢体活动，读故事或讲故事，加深故事呈现的效果。以上这几个细节能让教学活动更具互动性，帮助学生积极参与教学活动，关注意义而非只是语言形式。

第四步是学习知识。呈现故事后，教师可深挖故事中的细节。教师可能需要解释某些词汇或句型，分析故事脉络和主要冲突，也可以通过问答来评估学生的理解程度，让他们对故事内容进行评论。这一步仍然强调意义，但需要在有意义的情境中让学生关注到语言结构。

第五步是消化知识。学生理解了故事内容，学习了语言知识，他们需要时间消化和内化这些输入。教师应让学生稍事休息，让他们独立阅读故事，互相交换读后感。不要认为这一步会浪费时间，学生恰恰最需要这一点时间。

第六步是活动拓展。教师可以通过角色扮演、复述、写作等拓展活动，帮助学生巩固已学知识，加强语言技能。

（3）强调学生参与。意义建构是故事教学的核心，没有了意义，语言知识的学习和语言技能的练习效果都会受到影响。而意义建构不是单方的，需要教师和学生进行有效互动。教师应在故事教学的每个环节都强调这一点。教师可以和学生一起阅读故事，让学生预测故事内容和情节走向，让他们主导阅读过程。教师也可以和学生一起呈现故事，让学生把故事内容和他们的生活进行联系，共同建构意义。这些都需要教师放开手，给学生提供足够的时间。然而，互动也很容易让学生过于兴奋，使课堂变得很难掌控。如果教学活动设计得当，这些问题是可以避免的。

四、结语

故事教学是个很大的概念，其适用性很广，教学模式也非常灵活。然而，这也无形中为广大小学外语教师造成了诸多困惑。有些教师认为只要在课堂上运用了故事就算是故事教学。有些教师则只了解故事教学的某个作用或某种教学模式，无法对其进行灵活运用。这使得故事教学在我国小学外语教育中常被提及和使用，但实施效果并没能体现其应有的优势。想要解决这一问题，教师应了解故事教学的内涵、对儿童发展的意义和具体的实施原则，将故事这种最受小学生欢迎的文本形式运用到外语语言教学中，促进学生外语语言素养的整体发展。

第五节 文化历史发展理论

一、文化历史发展理论的基本内涵及其教学启示

文化历史发展理论由苏联建国时期的心理学家维果斯基（Vygotsky, 1978, 1986）和他的同事提出。该理论认为儿童的认知发展（如英语阅读素养的发展）源于社会互动，即儿童一出生就开始在人际交往中进行学习，其学习成果逐渐内化，继而促进儿童的发展。对于小学英语阅读教学，文化历史发展理论具有重要的指导作用。以下是几个重要概念及其教学启示。

1. 高级心理机能及其教学启示

Vygotsky 将心理机能分为两类：低级心理机能和高级心理机能。低级心理机能指儿童与生俱来的、动物性的心理机能，如知觉和感知。高级心理机能指儿童出生后在与社会互动的过程中获得的心理机能，如语言和阅读。低级心理机能是人类演化的结果，而高级心理机能是历史发展的结果，是区分动物和人类的重要指标之一。阅读是一种高级心理机能，是历史和社会发展的产物。

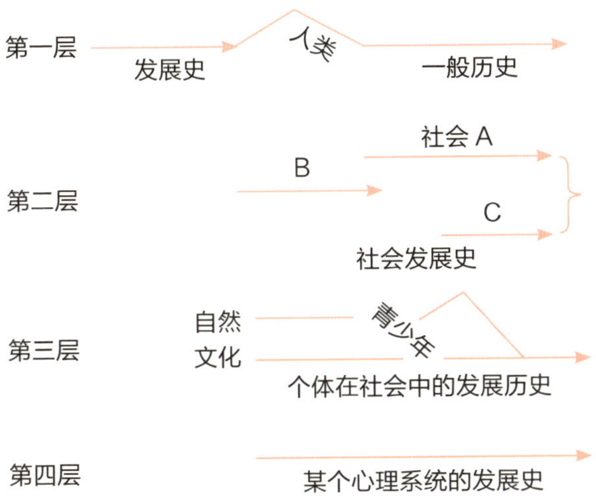

图 2.3　Vygotsky 的历史层次理论（修改版）（Scribner，1997，p. 261）

低级和高级心理机能独立运行，但关系密切。社会发展有四个层次（Scribner，1997，p. 261）（见图 2.3）：第一层是一般的历史发展；第二层是社会发展；第三层是个体在社会中的发展，分为自然的发展（低级心理机能的发展）和文化的发展（高级心理机能的发展）；第四层是某个心理系统的发展（如英语阅读素养）。四个层次的发展相对独立但关系紧密：个体和某个心理系统的发展受到历史和文化发展的影响，凸显了儿童发展的社会性；儿童的自然发展和文化发展同时进行，即低级心理和高级心理机能同时发展，但过了青少年时期后，自然发展并入文化发展。在整个过程中，高级心理机能的发展受制于低级心理机能的发展水平（Vygotsky，1978）。当儿童还未获取某个低级心理机能时，相应的高级心理机能也不会发展。例如，儿童一定要到具备了一定的感知能力后才能开始学习阅读。然而，这并不表示高级心理机能就是低级心理机能的简单延续，它拥有自己的运行体系和运行规律。

以阅读为例，它是历史文化发展的产物，其过程和发展都离不开社会互动并受到社会文化因素的影响和制约。可见，阅读教学不能只停留在解码能力的培养上，而更要关注阅读的社会性，强调学生与文本、文本与世界、世界与学生的互动，让学生既要学会阅读英语，还要学会阅读世界。此外，阅读教学的设计还要基于本国和学生的具体情况，考虑本土社会文化因素的影响，不可一味跟风。

2. 内化及其教学启示

内化是发展的驱动。讨论何为内化有必要先讨论何为发展，何为学习，以及两者之间的关系。对于学习和发展的关系，有以下几种观点：1）发展独立于学习；2）学习即发展；3）发展和学习相互影响和依赖；4）学习先于发展。Vygotsky（1978）分析了前三个观点，并在此基础上提出了学习先于发展的结论。第一种观点认为儿童的发展独立于学习，而学习是一个纯粹的外部活动，与发展并无积极的关联。这意味着发展是完全自发的，它发生在学习之前，而学校教育对儿童发展没有太多的影响。第二种观点认为学习即发展，学习和发展同时发生。行为主义多采用这一观点，认为发展就是掌握一系列条件反射，进而形成习惯，忽视了儿童的主观能动性。第三种观点试图通过结合前两种观点来克服它们的缺陷。根据这种观点，发展依赖两种完全不同但相互依存的过程，一个是基于神经系统发展的成长过程，另一个是学习的过程。儿童的成长过程使学习活动变得可能，而学习又会推进儿童进一步的成长。根据这一观点，发展和学习并不会同时发生。Vygotsky 反对以上三种观点，提出学习先于发展。人一出生就开始了学习，这种学习主要是人际间的外部活动。当学习进行到一定程度，外部活动转化为个体层面的内部活动，形成内化，进而推进个体高级心理机能的发展。因此，Vygotsky（1978）将内化界定为“外部活动的内部重建”。

作为高级心理机能的阅读也遵循学习先于发展的规律。在阅读教学中，教师应遵循内化的规律。首先，儿童不可能自己学会阅读，教师需要基于学生认知和语言发展的特点，提供相应的阅读指导。对于小学生而言，英语阅读教学的目的不仅是让学生通过阅读学习英语语言知识，锻炼语言技能，更重要的是让他形成良好的阅读习惯和积极的阅读体验。学生首先要形成一种成熟的阅读思维模式，在阅读前学会预测内容，之后带着问题，在阅读的过程中借助图片和上下文分析问题并解决问题,最终与作者对话，与自身已有知识对话，对文本内容形成独到的理解。在这一过程中，学生学习各种语言知识和语言技能，通过良好的阅读体验，对英语阅读产生兴趣，形成积极的阅读态度和自我评价。然而，我国现有阅读教学的问题是，教师通常跳过学会读的过程直接教学生读中学，教学目标以知识为导向，学生失去了完整的阅读体验，影响学生的内化过程。此外，教师应提供有效的内化环境。内化需要两个层面的环境，首先是人际层面的，之后是个体层面的。因此，教师应围绕教学目标，设计利于内化发生的互动环节，给学生与教师、同学、作者交流互动的机会，并给予学生充足的独立阅读和独立思考时间，让人际层面的能力转化为个体层面的能力，促进内化的发生。

3. 最近发展区及其教学启示

Vygotsky（1978）将最近发展区界定为实际发展水平和潜在发展水平之间的区域。实际发展水平表明儿童能独立完成的任务，即完成发展的心理机能。潜在发展水平代表儿童能在成人或其他更有能力者的帮助或合作下完成的任务，即潜在的心理机能。这些帮助和合作就是儿童发展的支架。在课堂上，教师确定学生的潜在发展区，让学生在支架的作用下完成一系列学习任务，之后学生能独立完成这些任务，最后教师又让学生进入下一个潜在发展区，完成一个又一个心理机能的发展循环。确定儿童心理发展状态的唯一方法是明确其实际发展水平和最近发展区（Vygotsky, 1978, p. 87）。教师应关注学生的潜在发展空间，并根据不同学生的发展需求提供合适的支架，促进他们高级心理机能的有效发展。

最近发展区是 Vygotsky 社会历史理论中的重要概念，对英语教学设计有重要的指导意义。首先，教学目标的设置应基于对学生实际发展水平和潜在发展水平的准确把握。教学对儿童发展具有重要影响，但两者的轨迹不可能完全相同。发展具有共性，但个体的特殊性更不能忽略。教师一方面要关注学生英语阅读素养发展的普遍规律，一方面还要基于系统的阅读评价，了解本班学生特有的发展规律，选择适合他们发展的教学目标，设计多种多样的阅读活动，照顾到不同水平学生的发展需求。其次，在设计教学目标时需要考虑其深度和广度，在潜在发展区内选择最合适的着力点，提高教学效率，避免课堂过度娱乐化。

二、文化历史活动理论的内涵及其教学启示

文化历史活动理论是文化历史发展理论的一部分，起源于 Vygotsky 在 20 世纪 20—30 年代有关工具对人类活动中介作用的思考，为研究人类在社会文化情境下的发展提供了研究视角和理论框架。文化历史活动理论为研究者提供了“一个强大的社会文化和文化历史视角，通过它我们可以分析多数形式的人类活动”（Jonassen & Rohrer-Murphy，1999，p. 62）。文化历史活动理论可以为研究学习条件和学习结果提供研究框架（Edwards，2005，p. 55）。也有研究者（如 Cole，1996）采用这一框架分析和建构了阅读教学模式。文化历史活动理论共经历了以下三个发展阶段：

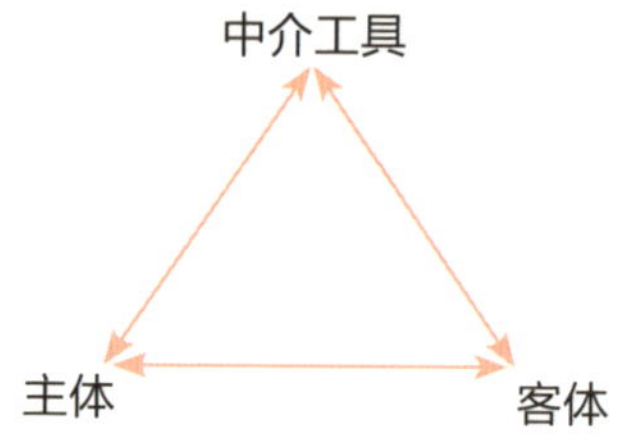

图 2.4　第一代文化历史活动理论框架（Vygotsky，1978）

第一代文化历史活动理论具体表现为由主体、中介工具和客体三方面组成的中介三角框架（见图 2.4）。Vygotsky（1978）认为，在高级心理机能的发展过程中，主体反应和客体刺激之间需要中介工具，而这一工具可以是物质层面（如书本）的，也可以是心理层面（如语言）的。这些

中介工具由人类制造，同时也缔造了人类文化。成人将这些文化工具交给孩童，教他们使用方法，让他们通过这些中介工具了解外部世界。因此，Vygotsky（1978）认为，儿童发展遵循文化发展的一般性起源法则，即儿童高级心理机能的发展发生于两个层面，先是人际间层面，之后是个人层面。换句话说，发展首先在社会和文化环境中产生，在人与人的交往过程中应运而生，之后再内化为个人层面的能力。

然而，第一代文化历史活动理论主要关注个体发展，忽略了集体在发展过程中的重要性。为了克服第一代文化历史活动理论的局限性，Leont'ev （1978，1981a）和 Engeström（1987）提出了第二代的文化历史活动理论。Leont'ev （1981a）强调了活动的集体性，深入探讨了个体行动和集体活动之间的区别。然而，Leont'ev 并未说明如何对 Vygotsky 以个体行动为主的中介三角模型进行拓展，进而体现集体活动的内涵和结构（Engeström，1999，p. 25）。

鉴于以上情况，Engeström（1987）建构了具象化的第二代文化历史活动理论框架（见图 2.5），在第一代文化历史活动理论框架的基础上新

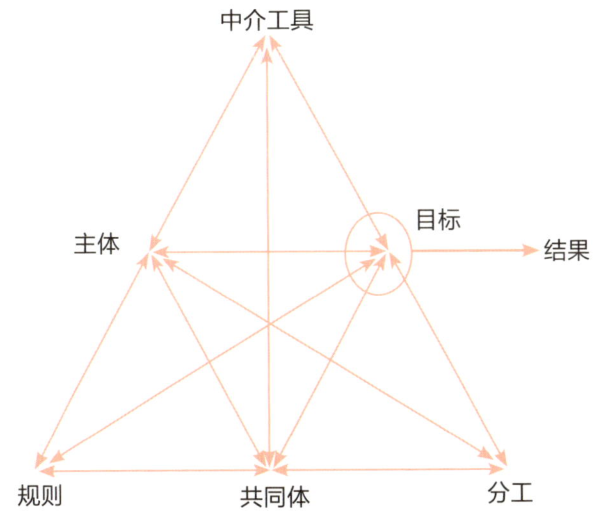

图 2.5 第二代文化历史活动理论框架（Engeström，1987，p. 78）

加入了规则、共同体和分工三个概念，凸显了社会互动对个体发展的重要性。在这一框架中，主体遵循共同体既定的规则和分工原则，通过工具的中介作用，朝着某个目标，进行集体活动。而目标周围的椭圆意味着以目标为导向的行动具有一定的模糊性和不定性（Engeström，2001，p. 134）。就儿童发展而言，第二代文化历史活动理论框架强调了情境对儿童发展的重要作用。以学校情境为例，学生为了学习知识、促进自身发展，与教师和同学们一起，在教材等工具的中介下，遵循着既定的规则和分工原则，进行集体的学习活动。

然而，有些学者（如 Cole，1988；Griffin & Cole，1984）认为这一框架相对封闭，无法体现不同系统的多样性和系统之间的对话。为了克服以上问题，Engeström （1996，2001）建构了强调对话、互动和多元视角的第三代文化历史活动理论框架（见图 2.6）。在这一框架中，两个或两个以上的活动系统以共同的目标为驱动，进行互动和对话。第三代文化历史活动理论遵守以下五个原则：1）主要分析单位是集体的、具有工具中介的、以目标为导向的活动系统；2）活动系统具有多重声音；3） 活动系统具有历史性；4）活动系统内部和系统间的矛盾是变革和发展的源泉；5）活动系统具有拓展转变的可能性（Engeström，2001，pp. 136–137）。

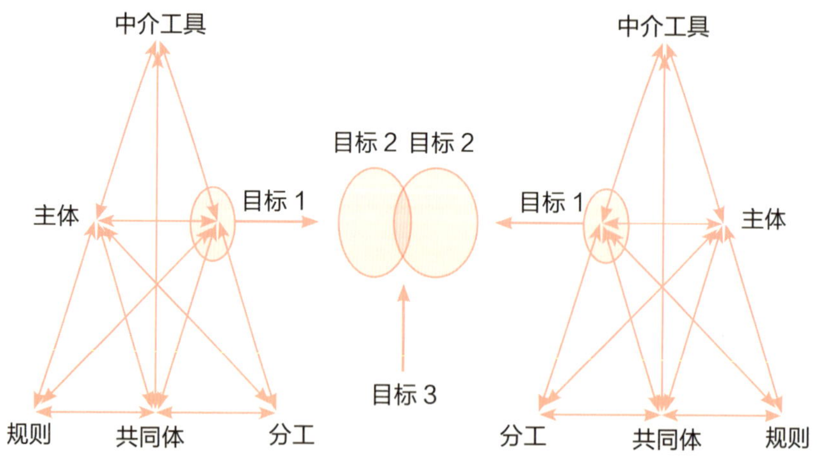

图 2.6 第三代文化历史活动理论框架（Engeström，2001，p. 136）

根据第二代文化历史活动理论的框架（见图 2.5），可以将阅读课视为一个活动系统（见图 2.7）。其中，客体（目标）是发展学生的阅读素养；主体是教学目标所服务的对象，即学生；共同体指阅读课活动系统中的成员，即学生和教师；中介工具为系统成员用来促进学生发展所使用的物质或心理工具；规则指阅读课中的规则，用来指导阅读系统成员的行为；角色指系统成员的分工，在教学活动中主要指教师和学生所扮演的角色；结果指阅读教学对学生发展的影响（包括积极或消极影响）。

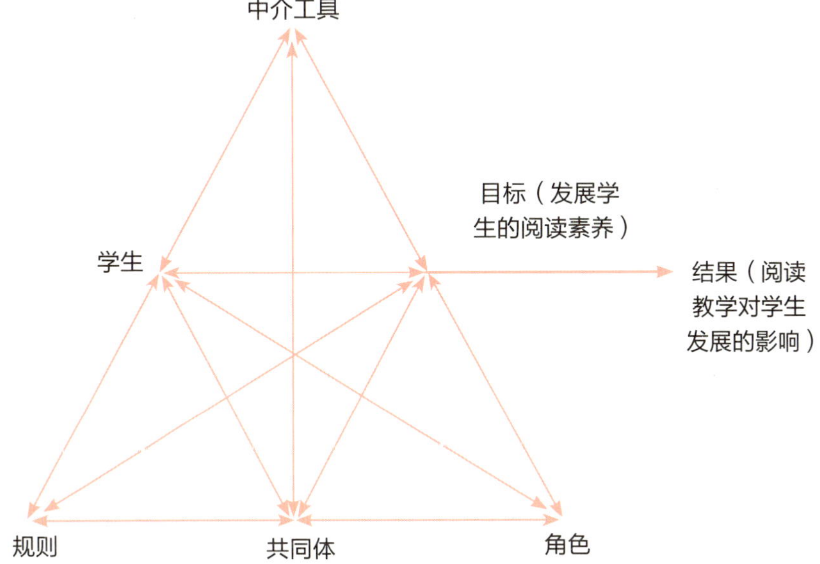

图 2.7 第二代文化历史活动理论框架下的阅读课（改编自 Cole，1996，p.285）

课题“中国中小学生英语分级阅读体系标准研制”研究发现，学生英语阅读素养的发展受到了教学目标、中介工具、规则、角色、共同体、学生等英语阅读课活动系统因素的协同影响，形成了具有内在张力的影响机制。

1. 教学目标对学生发展的影响具体体现在教学关注度、教学目标的发展性和清晰性三个方面：教学关注度决定了学生发展的机会和空间；教学目标的发展性决定了学生发展的深度和广度；教学目标的清晰性则直接影响教学活动的有效实施。

2. 本研究的中介工具主要包括教学活动和教学材料，它们对学生发展的作用主要体现在以下几个方面：教学设计与实施的一致性影响教学目标的顺利完成；教学活动的内容、持续时间、活动顺序和持续性直接影响最终的教学效果；教学材料的题材和难度影响学生的阅读体验，进而影响教学活动的顺利实施；适当的教辅有助于加强教学活动对学生发展的中介作用，促进教学活动的顺利实施。

3. 规则的影响主要体现在教学设计规则和课堂教学规则两方面：教学设计规则决定教学模式与方法的选择；课堂教学规则决定角色的分配与活动的实施。

4. 角色主要涉及教师和学生角色。两者的分工内容和对自身角色的认识都会影响最终目标的实现效果。

5. 共同体对学生英语阅读素养发展的影响主要体现在教师的教学理念和教学环境（课题运作模式、教师合作模式、学生人数）两个方面。教师的教学理念决定了教学目标与活动的设计与实施、活动规则的制定与实施、师生角色的分配，它是最根本的教学影响因素；课题运作模式决定教师的教学设计规则与教学活动的设计与实施；教师合作模式和学生人数直接影响教学过程的实施。

6. 学生自身的特点也会影响到他们在课堂情境中的发展。这种影响主要来自于他们自身的年龄特点和阅读素养水平上的差异。学生的年龄特点直接影响其发展效果；学生差异影响教学活动的实施。

在以上六个教学影响因素中，对学生英语阅读素养的发展具有最直接影响的教学因素是教学活动。教学活动内容体现了具体的培养方法，是共同体为了实现教学目标而设计的中介工具。教学活动的实施基于活动设计，是设计思路的具体表现。然而，教学活动的设计又取决于教学目标的设定。教学活动的实施又受到教学目标的清晰性、课堂教学规则、角色、学生特点、教师合作模式、学生人数多种因素的直接影响。

在以上六个教学影响因素中，影响学生英语阅读素养发展的最根本因素是教师的教学理念。教学理念决定教学目标的设定、教学活动的设计与实施、课堂教学规则的制定和实施、师生角色的定位。阅读课是教师通过英语阅读课的中介作用促进学生发展的一个过程。在这一过程中，教师具有主导作用，他们制定规则、分配角色、确定学生的发展方向。

三、结语

文化历史发展理论对小学英语分级阅读教学具有重要的指导意义。它高度凝练了儿童的阅读过程和影响阅读教学的各种因素，为阅读教学提供了理论指引。课堂是一个复杂系统，教师需要在教学设计和实施的每个环节都密切关注系统内部的多个要素，为学生英语阅读素养的发展提供良好的环境。

第三章

分级阅读教学的途径

阅读教学模式众多。教师应根据学生的英语阅读素养水平，选择适切的教学模式与方法。本书主要介绍图片环游教学法、拼图阅读教学法、持续默读教学法和阅读圈教学法。

第一节 图片环游

一、图片环游的内涵

图片环游的教学过程比较近似于真实的亲子阅读。当我们拿到一本绘本，我们通常会先看封面，包括封面图和书名，然后看封底和扉页，并基于封面信息初步预测书本内容。翻开绘本，读者会根据图片信息和自身的已有知识判断所推测信息的准确性，并进一步关注内容的走向或情节发展，形成对事件或人物的新概念。在这一过程中，学生学习语言知识和文化背景知识，分析和赏析语言、经验、观点和情感表达，最终对绘本内容形成自己独特的理解。

图片环游本质上是一种分享阅读，是教师和学生共读故事、合作建构意义的过程。在这一过程中，教师"将文本故事演绎成生活故事"（霍文保，2016，p. 37），以问题为引导，通过封面、扉页、主题图等启发学生主动观察、预测、思考、分享个人的经验，在不断推测和阅读中发现问题、分析问题和解决问题，培养他们的批判性思维。同时，学生还在这一过程中学习语言知识，把握故事情节，理解人物心理，联系个人生活，使通过图片环游读懂故事的过程成为师生合作探究故事意义的过程，"生成一个深度卷入、思维绽放的教学形态"（霍文保，2016，p. 37）。这种教学方式有利于将阅读素养的培养有机融入阅读的过程中，学生通过观察封面、扉页、封底等活动，发展文本概念；在默读和朗读的过程中，发展认知词汇的能力、音素意识、拼读能力和阅读流畅度；在预测、确认、分析、论证、评价活动中，发展阅读技能，运用阅读策略，提升思维品质；在总结、比较、交流的活动中发展文化认知和多元思维，增强文化意识。由此可见，图片环游的教学方式与传统的语言知识和阅读理解教学是完全不同的。

二、图片环游的步骤

图片环游的教学活动大致遵循以下顺序进行（见图 3.1），具体教学环节如下：

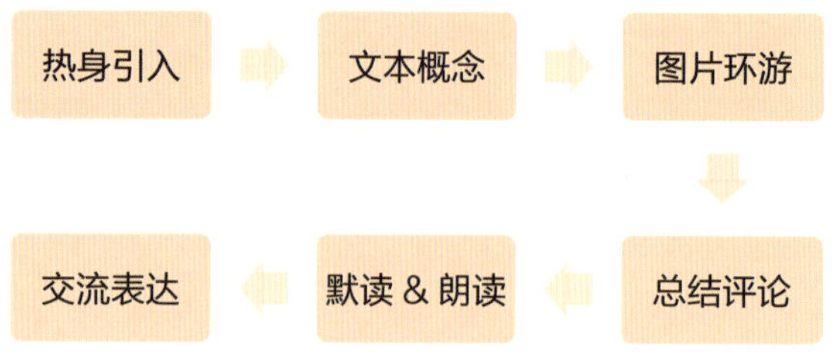

图 3.1　图片环游教学法的活动顺序

1. 热身引入：教师通过歌曲、图片、视频等媒介引出文本主题，激活学生已有知识和阅读兴趣。

2. 文本概念：教师通过引导学生识别标题、作者、插图作者等，培养文本概念的意识，增强学生对绘本结构的理解。

3. 图片环游：教师引导学生从个人经验出发，根据有限的图片信息，进行观察、分析和预测，不断提出问题，使学生在分析问题和解决问题的过程中，开展阅读，同时学习语言知识，体验阅读过程，构建意义，运用阅读技巧和策略，提升批判性思维和预测想象能力。

4. 总结评论：教师通过流程图等支架，协助学生总结大意，加深理解，并通过讨论学生最喜欢的角色、图片、情节等活动让学生对绘本形成自己的理解和判断。

5. 默读与朗读：默读和朗读活动培养学生的阅读流畅度。默读和朗读可以有多种形式，例如，学生自主默读故事三分钟；学生自主朗读故事三分钟；学生以小组为单位分角色朗读故事；学生选择自己最喜欢的故事情节或人物进行朗读；学生按照人物语气朗读片段，其他学生听，判断人物。总之，通过朗读和默读活动可以给学生提供一个完整、充足、丰富的阅读体验，加强学生的阅读精确度、流利度和阅读韵律，提升他们的阅读兴趣。在默读和朗读活动后，可以增加拼读活动。分级绘本读物通常会在同一绘本中呈现几个含有相同拼读规律的词汇。教师可以在默读和朗读环节后帮助学生发现这些词汇的相同点，总结其拼读规律，并基于此引导学生发现规律，学习拼读生词，拓展词汇，增强阅读自信心。

6. 交流与表达：教师创设不同的语境，通过读后写、读后演、读后画等活动，鼓励学生创造性地表达自己对故事的感受，对故事人物的评价，给故事续写结尾，或者创编新的图文故事，促进语言能力的协同发展。图片环游是一种适合各种阅读文本的综合性阅读教学方法。但是这种方式对教师的要求相对也比较高，教师需要充分调动学生，参与师生分享阅读，学生也需要有比较充足的课堂教学时间开展阅读。教师可根据学生情况和课时安排，基于图片环游的理念，灵活设计教学活动，对图片环游教学的活动流程进行灵活调整，满足不同故事情节和不同学生的学习需要。

（1）文本概念

对于刚接触英语绘本的学生（主要是低年级小学生），教师可以在阅读绘本之前指引学生关注封面和扉页上的标题、作者、插图作者等文本概念信息，帮助他们形成良好的阅读习惯。

在“中国中小学生英语分级阅读体系标准研制”课题的教学实验中，教师采用了三种不同的教学活动来培养学生的英语文本概念：教师直接告诉学生文本概念信息；教师提问，让学生寻找文本概念信息；教师提问，让学生主动关注并了解文本概念信息。研究结果表明，第一和第二种活动无法让学生形成主动关注文本概念信息的习惯，第三种活动最能促进学生英语文本概念的持续发展。

引导学生关注文本概念信息时主要遵循以下步骤：

1）展示绘本封面，问学生：What can you see from the cover page/leaflet? 图 3.2 为《领先阅读·X 计划》系列绘本 1 级故事 *Tiger's Family* 的封面。

图 3.2 *Tiger's Family* 的封面

2）引导学生关注书本概念信息。起初，多数学生主要关注图片，教师可以通过放大文本概念信息，将学生的注意力转移到文字上。

3）总结文本概念信息，介绍学生遗漏的信息。

通常在进行 3—4 次文本概念活动后，学生即可形成主动关注文本概念信息的意识和阅读习惯。此后，教师可基于学生情况，通过偶尔提问来加强学生的文本概念意识。

（2）图片环游

图片环游不是简单的读图，而是通过引导学生读图来分析问题、解决问题、学习知识、提升素养。图片环游的核心是问题。教师通过提出问题来激发学生的阅读兴趣；学生通过寻找问题的答案来理解文本，提升阅读技巧与策略，内化知识。图片环游通常由以下几步组成：

1）预教生词，创设主题情境，引导学生对绘本内容进行预测。

2）教师提出一个大问题，建立信息差，激发学生的阅读兴趣。

3）进入绘本，教师将大问题分解为多个小问题，引导学生关注图片细节，通过观察人物的表情，体会人物的心情，理解文本内容，看几幅图解决一个问题。

4）继续提出问题，解决问题。

5）通过图片环游，梳理出流程图（知识结构），把情节和语言都附在上面，帮助内化知识。

图片环游适用于各年龄的学生和各类绘本。以下是两个图片环游的教学案例。

故事绘本案例

年级：小学 2 年级

教学材料：《领先阅读 · X 计划》1 级 *Hamster on the Run*

内容分析：讲述了仓鼠 Pickles 逃跑了，主人公 Ant 在不同房间寻找仓鼠，最终在抽屉里找到仓鼠的故事。其中既有主人公找仓鼠的过程，又包含了人物的感情变化。所以在设计本课的时候，教师要充分考虑到仓鼠逃跑和人物感情两条线索，使故事更加生动立体。

教学目标

- 学生通过观察图片情景、人物表情、仓鼠的活动来理解人物语言和故事大意。
- 学生能够朗读故事，教师引导学生运用故事中的核心语言“...is not in here /...is on the run”来讲故事。
- 学生通过不断地模仿内化语言，体会到人物角色的喜与悲。
- 通过引导学生观察图片细节，培养学生的观察能力和推理能力。
- 通过阅读《仓鼠逃跑了》这篇故事体会到阅读的快乐，激发学生对动物的兴趣，引导学生热爱动物。

教学步骤

1）介绍故事角色，猜测宠物。

教师呈现绘本中的角色介绍页，介绍主人公 Ant 和故事发生的背景。

教师隐藏仓鼠的图片，再逐步呈现图片，让学生猜测 Ant 养了什么宠物。

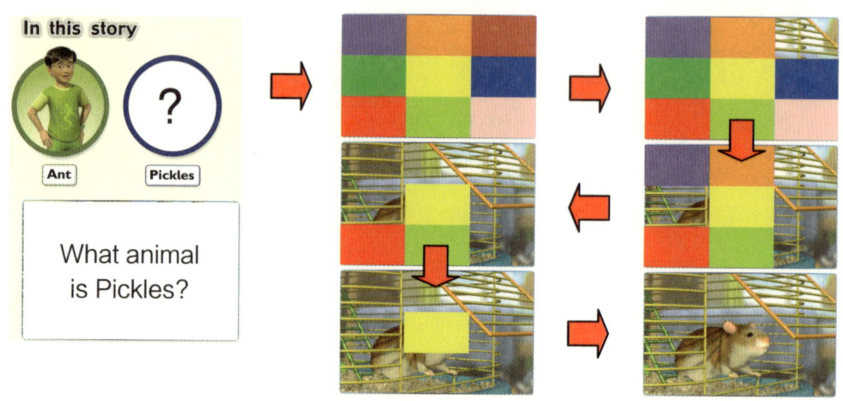

2）提出问题——仓鼠去哪儿了？分析问题。

➢ 展示图片（笼子）局部，问学生仓鼠是否在内。

➢ 展示整张图片（隐去仓鼠）。

➢ 放大人物表情，预测文本内容。

➢ 仓鼠出现，让学生根据图片猜测文本内容，引出文本。

3）提出一系列小问题，分析问题，解决问题。

➢ 展示房间，隐去仓鼠，问仓鼠是否在房间里，预测故事走向。

➢ 引导学生关注细节，猜测仓鼠的隐藏地点。

➢ 让学生根据图片猜测文本内容，引出文本，理解文本。

4）解决问题——仓鼠去哪儿了？

➢ 对比人物前后表情变化，引导学生发现剧情转折。

➢ 让学生根据图片猜测文本，引出文本，理解文本。

5）在图片环游的过程中，根据绘本内容，梳理出流程图，学习语言知识。在情节框架中学习语言知识有利于学生有效地内化知识。

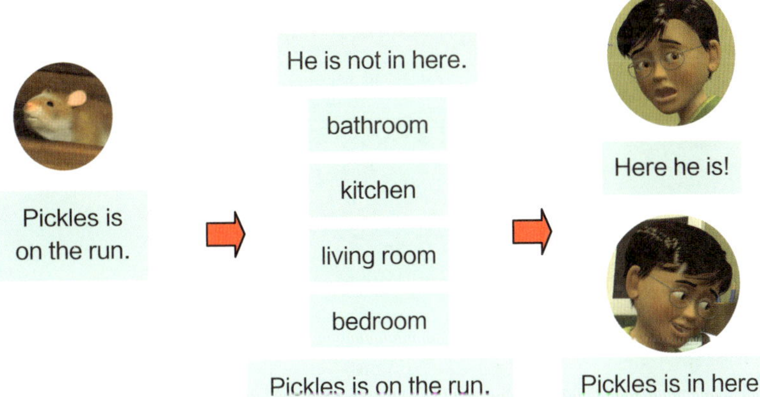

百科绘本案例

年级：小学 4 年级

教学材料：《外研社丽声拼读故事会》3 级 *The Trunk and the Skunk*

内容分析：讲述了长毛象的身体部位及本领，主人公长毛象闻到了一只臭鼬，想去除它身上的臭味，但是臭鼬依然很臭。其中既有长毛象展现自己本领时的快乐，又有其他动物被打扰时的不快。所以在设计本课的时候，教师充分考虑到不同动物的感情线索，使故事更加生动立体。

教学目标

- 学生能够了解猛犸象的特点以及与大象的区别。
- 学生通过观察图片、动物们的表情和活动来理解人物语言和故事大意。
- 通过引导学生观察图片细节，培养学生的观察能力和推理能力。
- 学生通过对比语言和图画两条线索，体会到不同角色的喜与怒。
- 学生能够将绘本内容提炼成思维导图，引导学生运用思维导图来讲故事。

教学步骤

1）提出问题——猛犸象是什么样的动物？

对比猛犸象和大象，分析猛犸象的特征。

2）提出一系列小问题，分析问题，解决问题。

➢ 以象腿为例，示范完成思维导图任务单。

➢ 以象牙为例，带领学生完成思维导图任务单。

➢ 将象鼻的部分交给学生自主阅读，完成思维导图任务单。

3）解决刚开始提出的问题——猛犸象是什么样的动物？

➢ 学生将绘制好的思维导图在小组内核对，进行交流，如果有问题，学生可以问教师，也可以同学间相互帮助。

➢ 学生在全班展示内容。

（3）总结评论

在总结评论环节，教师根据图片环游中梳理出来的流程图，引导学生总结文本并评论文本。在总结文本时，教师通过问答形式，让学生回顾文本大意，之后通过默读和朗读活动加强对文本的理解。在评论文本时，教师可以让学生讨论他们对绘本角色的看法、最喜欢的角色、最喜欢的图片或从绘本中学到的道理。评论问题不宜过于封闭，越开放，对学生思维能力的培养效果越好。评论的主要目的在于帮助学生与文本对话，形成自己的理解，因此评论语言不应只局限于英文。以下是评论活动节选。

教学材料：《领先阅读 · X 计划》1 级 *A Home for Ted*

内容分析：讲述了小女孩 Cat 为她的玩具熊 Ted 造房子的故事。Cat 用木棍、纸板、沙子造的房子都没有站住，但她没有放弃，最后用砖头建成了房子。

教学片断

T: So, what do you know from the story? Discuss in pairs. Discuss.

（学生结对讨论了 1 分钟）

T: Finished? OK, what do you know from the story? If you can't say that in English, you can say that in Chinese. Tony.

Tony: I know Cat made a house.

T: What do you know from the story? Yes, Cat made a home of many things. Right? OK. And Yolanda.

Yolanda: 用中文行吗？

T: 可以。

Yolanda: 你失败了，你要再想其他的办法，不要放弃。

T: Really great. 太棒了。还有吗？ Ricky.

Ricky: 你在外边盖房子的时候，要想到什么天气可以把你的房子弄倒，然后你再换一种方式来盖。

T: 所以，要从失败中吸取教训，是这个意思吗？要多去考虑各方面因素，对吗？尤其是天气的因素，对吗？ Thank you. Great. 很棒，Ricky. 还有吗？ Joe.

Joe: 盖一个小房子也是不容易的。

T: 所以任何一件事情我们都要付出努力。对吗？ Thank you. Good.

在以上教学片断中，教师给出了一个开放性问题——你从故事中学到了什么？通过一分钟的小组讨论，学生做好了充分的答题准备。起初，学生用英语进行了讨论，讨论的内容显得比较浅。之后有一位学生提出是否可以用中文来进行讨论，教师准许。中文讨论的内容比较深刻。有的学生提到了坚持的重要性，有的分析了成功建造一间房子的必要因素，有的则了解到了劳动的艰辛。

（4）默读 & 朗读

图片环游后的默读和朗读活动为学生提供完整的阅读体验，帮助学生增强阅读流畅度（阅读精确度、流利度和韵律）的同时，进一步加深对文本的理解。“中国中小学生英语分级阅读体系标准研制”课题的教学实验表明，以下活动能有效地促进学生的阅读流畅度：

- 教师在 PPT 上呈现绘本，让学生一起边听边读，熟悉词汇的音与形，加强阅读精确度。
- 学生独立默读绘本，欣赏绘本图片，感受故事情节，增强积极的阅读体验。
- 学生跟读，加强阅读精确度、流利度与韵律。途中，教师应鼓励学生模仿绘本录音，帮助学生关注绘本中的语气变化，有感情地朗读绘本。
- 学生结伴或分组朗读，加强朗读练习，增强阅读流畅度。
- 教师根据学生情况，采用结伴朗读、分组朗读、单独朗读等方式检查学生的朗读情况，及时发现并纠正朗读中的问题。

值得注意的是，默读和朗读活动不宜过长，否则会让学生厌读。默读和朗读的目的是培养学生的阅读流畅度，只要发现已达到教学目标就应该及时停止，坚决杜绝“读到吐”的现象。

（5）拼读学习

拼读能力指掌握拼读规律并能运用拼读规律拼读生词的能力。发展拼读能力最终的目的是拼读生词，促进阅读理解和阅读流畅度，而掌握拼读规律能提高拼读生词的效率。英语拼读规律众多，只依靠教师讲解是远远不够的，所以学生还应该具备主动关注并总结拼读规律的能力。因此，学生的外语拼读能力是否得到发展取决于学生是否有充足的机会去接触有拼读规律的单词，主动关注和总结拼读规律并运用拼读规律拼读单词（尤其是生词或假词）。

分级绘本对词汇有一定的控制，常有包含相同拼读规律的单词一同出现。教师应利用这一点，帮助学生关注并总结拼读规律，制造运用拼读规律拼读生词的机会，有效加强拼读能力的持续发展。“中国中小学生英语分级阅读体系标准研制”课题基于教学实验，总结出了以下拼读活动：

- 让学生关注到绘本中包含相同拼读规律的单词。
- 让学生尝试着找出这些单词的拼读规律，教师进行总结。
- 让学生回忆包含相同拼读规律的已知词汇。
- 让学生运用拼读规律，拼读生词或假词。

以上活动以学生为中心，让学生自主总结和运用拼读规律，更好地内化拼读知识，更有效地运用拼读规律，形成关注拼读规律、大胆拼读生词的阅读习惯。以下是拼读活动节选。

教学材料：《领先阅读 · X 计划》1 级 *Tiger's Family*

教学步骤

1）学生在绘本中寻找包含字母 a 的单词，且该字母发 /æ/ 的音。

2）学生尝试找出 bad，dad，mad 和 glad 等单词相同的拼读规律，教师进行总结。

3）学生回忆有相同拼读规律的已知单词，教师对学生说错的单词进行纠正。

4）学生拼读有相同拼读规律的生词和假词，教师进行纠正和总结。

（6）输出

输出活动是加深文本理解、内化语言知识、增强语言能力、加强阅读体验的有效途径。教师可根据学生情况，通过角色表演、画画、仿写等多种活动，帮助学生进行语言输出。以下是两篇学生的仿写作品：

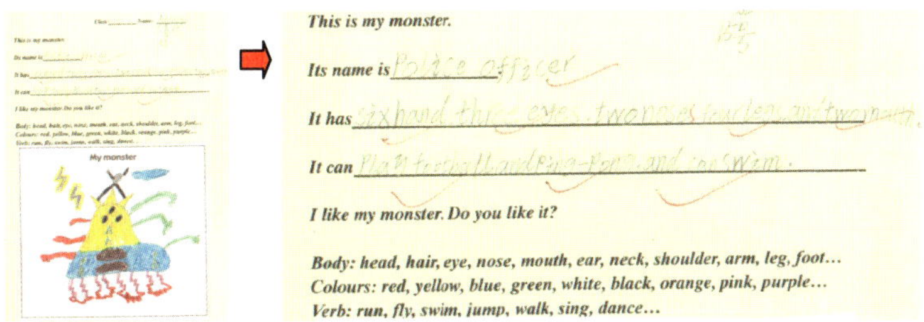

在以上作品中，教师让学生画出怪物的同时还要对其进行描述。

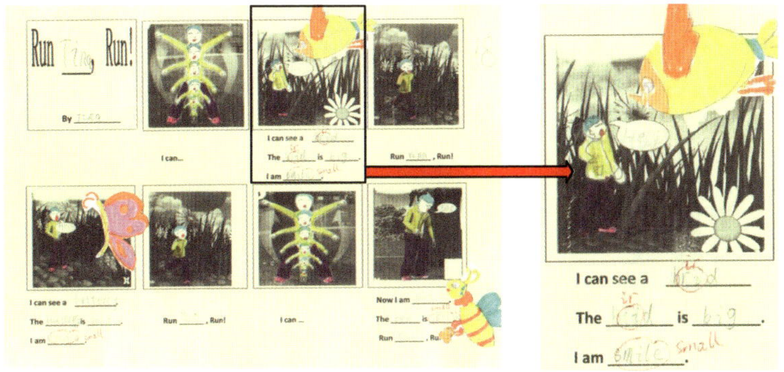

在以上作品中，教师根据读物情节，通过替换、穿插其间的人物或物品，编撰了一个新的故事并配上完形填空式的文字。学生需要根据教师提供的句子框架，描述所画的图片。

三、结语

图片环游适用于各种绘本的教学。在实施过程中，教师需要充分调动学生参与阅读的积极性，学生也需要有比较充足的课堂时间开展阅读。教师可根据具体课时安排，基于图片环游的理念，灵活设计和组织教学活动，以满足不同故事类型和不同学生的学习需要。

第二节 拼图阅读

近年来，随着小学英语阅读教学在课堂中的出现，故事教学的模式和方法也越来越成熟。小学英语分级阅读项目校的很多教师已经能够非常灵活地运用图片环游和拼图（jigsaw）阅读等方式，而学生们从不同的教学方法中有不同的收获。

一、拼图教学的理论基础

1. 拼图教学的兴起

在 20 世纪 70 年代，美国刚刚解除种族隔离，不同种族的学生第一次坐在同一间教室里上课，但由于长期的种族隔离造成不同种族的学生之间彼此不信任，缺乏交往，给正常的教学带来极大困难。这时候美国著名教育家和社会学家埃利奥特·阿伦森（Elliot Aronson）在得克萨斯州的小学中率先实验拼图（jigsaw）教学并取得了极大成功。他们的研究表明，这种学习方法在消除学校种族冲突、提高学生学业成绩和促进合作学习等方面很有效果（Aronson，1997）。

之后又有若干学者和教师将拼图教学进行改进和优化，比如斯莱文（Slavin, R.E.）在原有拼图教学法的基础上，添加整体任务以及专家组等环节，成为 Jigsaw II。Dwight C. Holliday 等从关注学生知识掌握的准确度以及教师为学生提供补充讲授等方面发展出为 Jigsaw III 和 Jigsaw IV。拼图教学的步骤也越来越成熟和扎实（黄娟、傅霖，2010）。

2. 拼图教学的主要步骤

英语中 jigsaw 的一个意思是“拼图”游戏，就是把一个完整的图案分成若干形状各异的小块，由游戏者按照一定的思路将图案再完整地拼合起来。拼图（jigsaw）教学是由阿伦森等人于 1971 年设计开发，主要步骤：

首先，将学生分成 5—6 人一组，教师或师生协商把一个大学习任务，比如阅读任务，分割成几个部分或片段，小组内每个学生负责掌握其中的一个部分或片段,教师确保每个学生都理解自己的任务和每个小组的大任务。随后,把分在不同小组中学习同一部分任务的学生集中起来,组成“专家组”（experts group），共同学习和研究所承担的任务或者片段，如果有困难，教师也可以提供帮助。然后全部学生都回到自己原来的小组去，分别就自己掌握的内容教给同组其他同学，小组合作完成教师的大任务。

3. 拼图教学的研究

拼图教学在国外的各个学段和各个学科都有广泛的尝试，主要目的是促进合作学习以及自主学习（Law.Y，2010；Souvignier and Kronenberger，2007）。在国内，尚没有文献记录拼图学习在数学和科学课堂的应用，能够找到的文献主要集中于大学的学段英语教学，特别是阅读教学中（鲁曼俐，2010；蒋琍，2014）。也有教师利用拼图教学帮助学生养成合作学习的品质（黄娟、傅霖，2010）。国内有关拼图教学的文献主要是拼图教学的介绍性文章，很少有针对拼图教学效果的实证研究。

二、小学英语故事拼图教学

目前在小学使用的绘本包括两类，一类是有主要人物、故事情节发展、高潮以及结尾的故事类（fiction）绘本，而另一类是没有连续性故事发展的科普（non-fiction）绘本。针对这两类英文绘本教学，教师都可以采取拼图教学的方式。

拼图阅读的教学方式是在学生有了一定的绘本学习基础之后，熟悉图片环游的教学方法时采用。为了让学生能够有更多挑战，特别是为了增加学生在故事学习中的合作，让学生有更多的思考，发展自主的学习能力，教师会根据具体的文本内容、类型和学生特点，采取拼图的教学方式。

1. 绘本阅读拼图教学的步骤

拼图教学方式提供给学生的活动比较多，在任务布置、任务监控方面都对教师的要求比较高。在学生开始动手之前，教师要做好活动设计和准备工作，以便拼图活动的顺利开展。

根据阿伦森的拼图教学模式和之后的几次发展和改进，目前的拼图教学主要包括以下几个步骤：

（1）教师选择适合孩子的绘本，可以是故事类，也可以是科普类的。

（2）将故事分成几个意义相对独立的小片段。很多教师的做法是将绘本重新复印成小卡片，比较容易发给学生做拼图。如果学生平时有过这样的训练，也可以直接把绘本发给学生，用曲别针把书的其他页别上。

（3）把学生分成小组，每个小组拿一套完整的故事卡，每个学生拿到不一样的内容。全组是一个完整的故事或者科普文章。如果故事较难，特别是有很多生词，在做拼图阅读活动之前，教师要带领学生在语境中呈现词汇，扫清学生拼图时候的语言障碍。

（4）让学生小组讨论，把每个人的故事学懂，再一起拼出完整且符合逻辑的故事。

（5）如果故事比较难，可以让拿相同片段的同学重新组成一个新的小组，这个小组就是“专家组”。这些学生在一起共同讨论学习相同的片段，再回到本组拼故事。

（6）在拼故事的时候教师要提醒学生不要急于完成故事，不要相互看其他学生的拼图，尽量让每个学生讲自己部分的意思，再讨论完成。

（7）教师带领大家集体检查故事顺序或者故事任务的完成情况，可以请学生小组汇报自己的故事，也可以两个组互相分享。如果顺序不一样也没有关系，鼓励多个版本。

（8）学生阅读完整故事，学习故事的其他部分，可以让每个小专家（expert）来负责教会组内其他学生负责的片段。

（9）教师设计内化活动，朗读活动，让学生进一步内化语言。

（10）读后输出。教师可以设计一些读后输出活动，先安排基于语篇的输出，再进行实际应用层面的输出。

（11）如果绘本比较长，教师可以采取部分图片环游和拼图教学结合的方法，先进行部分图片环游，然后再进行绘本中的部分拼图教学，减轻学生的学习负担。

故事类绘本（fiction）的拼图教学案例

故事类绘本的特点是有连续性的情节，有主要人物，有故事的发展和高潮。对于这类绘本，教师一般采取图片环游的方式。但是，采用拼图的方式可以让学生有更多的参与机会，特别是能够培养学生的逻辑思维能力。

教材分析

本故事是《领先阅读·X 计划》第 3 级 *The Gingerbread Micro-man*。故事主要讲述了 Tiger 和 Max 两个男孩在家里发生的一些趣事。有一天他们在院子里踢球，不小心把球踢出了院子。这个时候他们看到正在厨房做姜饼小人的妈妈出去取葡萄干，他们就想出了一个办法。两个人都有一个魔力表，只要一按，他们就会变小。于是他们按了魔力表，变小之后跳到桌子上，从妈妈做好的姜饼小人身上拿下葡萄干当作足球踢。这个时候妈妈回来了，他们俩急急忙忙把葡萄干放回小人身上，藏起来。Tiger 想和妈妈开个玩笑，于是也躺在烤盘里。但是，妈妈没有看到他，直接拿着烤盘准备放进烤箱。就在这个千钧一发之际，Tiger 跳出烤盘逃跑了。然后他们再按魔力表，变回原来的样子。

教学方法建议

这个故事比较长，故事发展有高潮，比较曲折。如果教师在教学中采取图片环游的方式，一是比较耗费时间，另外也会让学生不能完全集中精力完成任务。如果完全采用拼图教学，每个学生负责的页面太多，或者每组有太多学生，都不是很好操作。教师可以尝试用图片环游结合拼图教学的方式，在故事开始和结尾的时候采用图片环游，故事中间采取拼图教学。

具体分配

第1—6页采用图片环游的教学方式。教师带领学生用提问的方式讲故事，不断让学生猜后面会发生什么，特别是在球踢出去之后，教师可以让学生帮助Tiger和Max想办法。

第7—11页采用拼图的教学方式。这个部分是两个孩子变小之后的故事，只有五页，可以把学生分为5个人一组，给每个学生印一页绘本，然后让学生组成完整且符合逻辑的故事。

第12—13页建议教师跳过去不讲。这两页是讲Tiger出去之后又碰到了一个大鸟，跟整个故事的主题关系不大，放在图片环游和拼图中都不合适。如果放在拼图教学中，增加了页面，学生分组也要变为7人，不好操作，教师可以在第二次阅读的时候再加上。

第14—15页继续采用图片环游的方式。总结故事，并问学生为什么孩子不肯吃妈妈烤的姜饼小人。

教学步骤

1）教师带领学生读完第1—6页之后，将学生分成5个人一组，就是基础组。每个组发一套第7—11页的绘本卡片，每个学生一张。将卡片中页码删去，变成A，B，C，D，E。

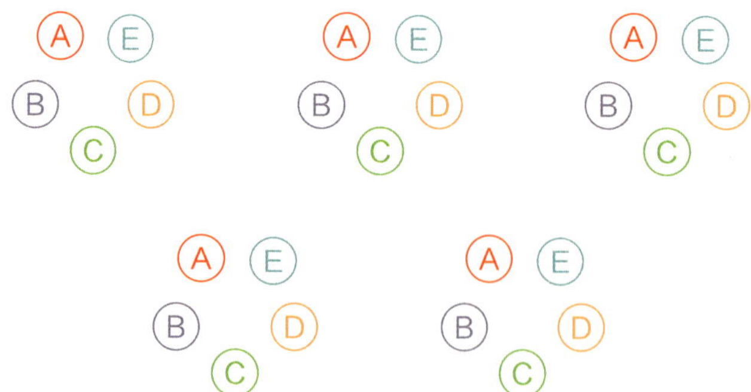

2）学生学习自己的部分，如果问题太多，就重新分组，组成专家组。A 卡片的同学都在一组，B 卡片的同学在一组，依次类推。

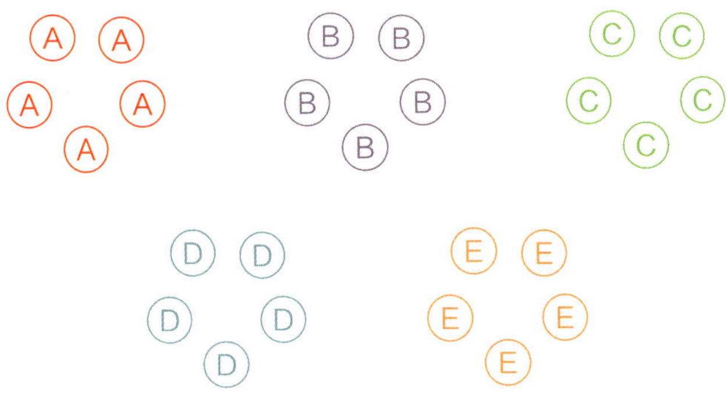

3）经过学习之后，每个学生回到自己的基础组，讲述自己页面的故事情节。

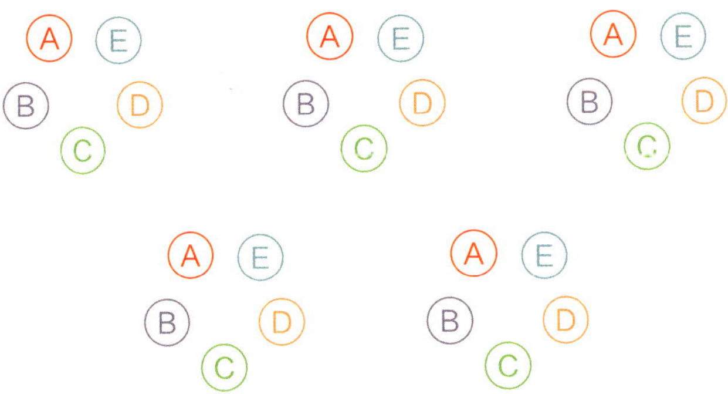

4）五个同学都讲完之后，大家讨论顺序，并把卡片贴在一张大纸上。

5）教师请不同的小组来分享自己组的故事。故事顺序不一样也没有关系，让学生说出为什么是这个顺序（因为这个故事情节比较紧凑，应该只有一个顺序符合逻辑）。

6）教师请大家一起读第 7—11 页的完整故事，并利用提问、讨论等巩固语言。

7）教师继续带大家阅读 14—15 页，讨论结尾的问题。

活动设计意图

- 帮助学生从教师带着学习过渡到自主学习，为将来的自主阅读做准备。
- 发展学生的逻辑思维能力。
- 培养学生合作学习的习惯，能够在倾听和讨论中完成学习。

这个故事案例的设计方式，既降低了拼图阅读的难度，也能够让学生都参与到拼图活动中，比较适合刚刚开始尝试拼图阅读教学的教师和学生。

科普类绘本（non-fiction）的拼图教学案例

科普类的绘本一直是绘本教学的难点。很多教师不会设计科普教学活动，还有些教师认为有些科普类的绘本涉及专业词汇比较难，学生学起来困难。其实科普绘本不仅包含语言知识，也包含一些科学知识，学生在学习语言的同时，还能够增加科学知识的学习。我们在项目实施中发现，很多男孩子很喜欢涉及昆虫、动物、植物、自然知识、机器人等方面的科普绘本，学习也更加有兴趣。

不同于故事绘本的连续性，科普绘本的内容经常是平行结构的，比如介绍几种昆虫的习性。在用拼图教学的时候，让学生拼回完整故事就没有什么意义。在拼图教学时，教师要设计提取信息和归纳信息的任务，让学生分小组独立完成。在教学设计中，教师的主要任务是根据绘本内容设计任务单。

我们现在以《大猫英语分级阅读》5 级的一个科普故事 *Big Cat Babies* 为例，为教师们介绍用拼图教学的方法进行科普类绘本教学。

Big Cat Babies

教材分析

本故事是《大猫英语分级阅读》第 5 级的一个科普类绘本。故事主要介绍三种野生动物 lion，leopard，cheetah 和他们孩子的生活习性等。故事比较长，涉及了三种动物的生活习惯、幼崽和配偶的名称以及居住环境等知识。科普阅读是小学阶段阅读最困难的部分。困难不仅是由语言知识的不足造成的，更有可能是由生活经验不足引起的。本篇阅读包含丰富的野生动物知识，生词比较多，涉及的主要语言包括三种野生动物以及他们的幼崽、配偶的名称、动物居住环境的名称等。文本使用介绍性语言，包括三个独立的介绍。

教学方法建议

如果教师在教学中采取图片环游的方式，会给教学带来很多困难，比如生词多，故事长又没有连续性，学生不能集中精力完成。像这样的教学材料，我们建议教师采取拼图阅读的方式，让学生能够通过自主提取信息完成故事的学习。因为这个故事是对三个动物的介绍，每个动物介绍篇幅相对比较长，操作方式和传统的拼图教学略有差异。

教学目标

在本课学习结束时，学生能够：

1）提取三种野生动物生活的细节信息。

2）根据提取的信息，归纳和比较不同动物的相同及不同习性等信息。

3）说出三种野生动物的生活习惯等信息。

教学步骤

故事教学的其他环节和图片环游的环节没有太大差别，如果词汇量过大，建议教师让孩子阅读故事之前通过视频、图片等方式做好单词铺垫。

拼图阅读部分分以下几个步骤：

第一步：全班共同阅读，理解故事主要内容。

全班共同阅读第 1—3 页，特别是目录部分，让学生对所要读的故事有一个总体的了解。

第二步：分组阅读故事，提取信息。

- 将全班同学分成三个大组。第一组读第 4—9 页有关狮子的内容；第二组读第 10—15 页有关豹子的内容；第三组读第 16—21 页有关猎豹的内容。
- 每个组拿一个 Worksheet 1 中的小表格，学生分别完成自己的表格。
- 如果有问题，学生可以问教师，也可以同学间相互讨论和帮助。
- 完成之后，小组内核对信息。
- 组内进行语言学习，保证每个学生对自己部分的语言都能够理解。

Lions		Leopards		Cheetahs	
A	A	B	B	C	C
A	A	B	B	C	C
A	A	B	B	C	C
A	A	B	B	C	C
A	A	B	B	C	C

Worksheet 1

第一组 狮子

Big cats	They live	They like	Mothers	Babies	What else?
Lion					

第二组 豹子

Big cats	They live	They like	Mothers	Babies	What else?
Leopard					

第三组 猎豹

Big cats	They live	They like	Mothers	Babies	What else?
Cheetah					

第一次阅读的设计意图：

- 培养学生自主阅读和提取信息的能力。
- 培养合作学习，共同探究，解决困难或问题的能力。
- 确保信息获取和语言学习的落实。通过小步子循环，将输入转化为输出。
- 评价检测教学目标 1）。

第三步：重新分组阅读，进行信息的整合和归纳。

- 重新分组。每个组选出一个同学再组成一个新的三人小组。
- 每个小组完成 Worksheet 2 的思维导图。
- 如果有问题，同学之间互相帮助。
- 请愿意的同学到前面展示。

➢ 教师利用板书，在黑板上呈现故事内容的思维导图。

➢ 学生读完整故事，并找到几个动物的相同点和不同点。

Worksheet 2

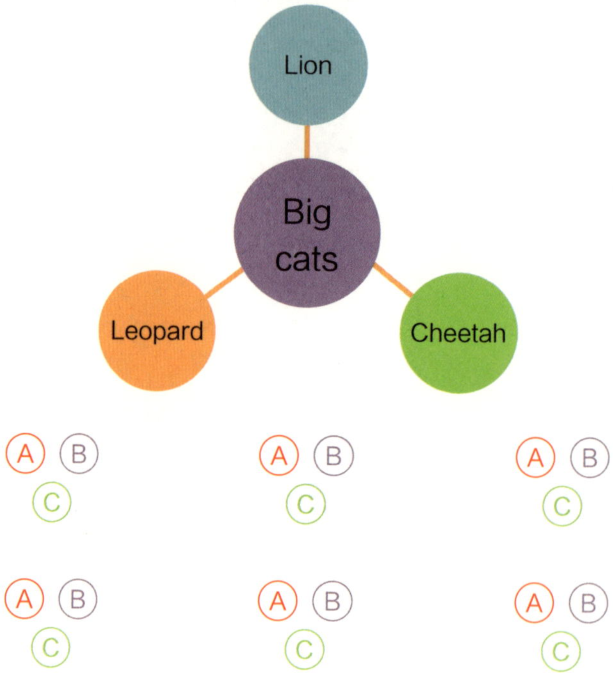

Big cats

Lion

Leopard

Cheetah

A B C　　A B C　　A B C

A B C　　A B C　　A B C

第二次阅读的设计意图：

- 创设互动学习任务，鼓励合作完成更加复杂的任务。
- 通过思维导图任务，帮助学生梳理并整合信息。
- 通过小组活动和全班交流，促进语言内化。
- 通过板书上的思维导图呈现主要信息。
- 培养归纳总结信息的能力。
- 进一步内化语言。
- 评价检测教学目标 2）。

第四步：阅读完整故事，完成比较异同的活动。

学生阅读完整故事，每个小组完成比较三个动物异同的活动，全班分享。

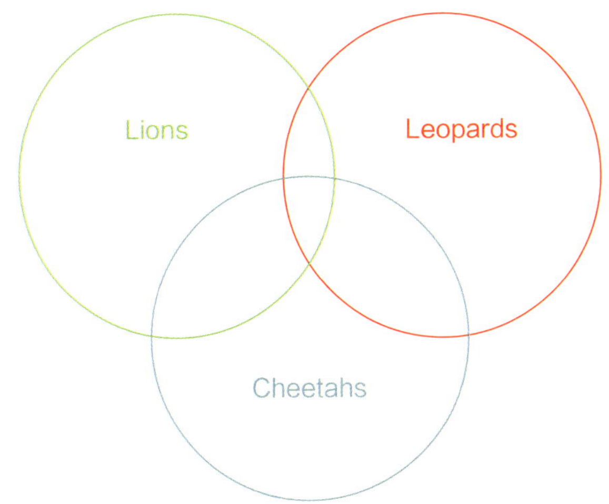

第三次阅读的设计意图：

- 给学生学习故事其他部分的机会，继续巩固语言。
- 进一步发展批判性思维的能力，比较不同动物的异同。
- 给学生创造表达的机会，读和说结合。

相比图片环游和其他故事教学方式，拼图教学更加能调动学生的参与性，激发学生自主学习能力，特别是在提取信息、整理信息和归纳信息方面的能力。

2. 拼图教学中的问题

尽管拼图教学有很多优势，但是在实际操作中还会出现很多的问题，特别是对于小学课堂，课堂管理和课堂操作都对拼图教学的有效性起着非常重要的作用。

（1）拼图教学中的问题。

- 课堂操作只注重形式，没有对学生真正的掌握程度进行监控，学生忙于变换座位、小组，对内容的掌握不够重视，语言内化不够。
- 学生对于阅读的整体掌握不够，只是掌握了自己在专家组阅读的部分，没有认真学习其他部分，学习成效不高。
- 因为班额大等原因，对学生的监控不够，学生分组学习的时候精力不够集中，或者纪律散漫，教师无法控制，学生不能专心阅读。
- 课堂操作的时候，教师的指令不够清楚，学生不理解任务，不能按照教师的要求进行自主学习，浪费课堂时间。
- 课堂中没有评价方式，教师不能对学生的学习进行客观的评价，也不能根据学生学习的情况调整教学。

（2）拼图教学中应注意的问题。

- 无论教师选择故事类还是科普类的绘本，首要考虑的是所选绘本的难度要适合学生的实际水平，并且能够根据学生的情况和文本特点，对绘本进行有效的拆分和整理（罗少茜、谢颖，2015）。
- 在拼图教学中，学生阅读材料之前，要明确每个学生本课的学习任务和完成任务的步骤（罗少茜、谢颖，2015）。然后小组内要有明确的分工，每个学生都有任务，并且都清楚自己的任务。
- 给学生充足的时间完成拼图任务。不要急于要求结果，让学生先在专家组认真学习，再回到自己组里拼图。
- 如果故事中有比较难的语言，一定要在读故事之前进行铺垫和熟悉，扫清学生自主阅读和拼读的障碍。
- 教师在组织教学的时候要注意评价和监控，随时做好给学生帮助的准备，特别是看到不够专心的小组，要及时监督、纠正。

三、结语

教师恰当地使用拼图教学能够有效地补充其他绘本教学方式的局限，更好地培养孩子的自主学习能力，特别是提取信息和逻辑思维能力，同时能够让孩子在学习中相互合作，共同完成阅读任务。

第三节 持续默读[1]

一、引言

广泛阅读对于个人而言是渊博学识的表现，对于民族而言是高度精神文明的体现，这也是多国提倡国民参与阅读的出发点和落脚点；对于语言学习而言，阅读的力量也不言而喻。就国内英语学习者而言，大量的可理解性语言输入材料是掌握一门外语的关键因素（罗少茜、李知醒，2014；鄢家利、韩宝成，2007），接触多元知识和文化是开拓学生视野与思维，提升其人文素养的重要途径。英语读物恰恰可以提供大量真实的语言输入和世界各国文化知识。然而，我国学生的阅读意识及阅读量并不乐观，英语阅读课也常常是对语言本身和文篇结构的浅层次分析（孙铁玲、叶娇、张文华，2010），甚至有的异化为应试的阅读理解题目讲解。如此，阅读的本质未能得以体现，其深层次作用得不到充分发挥，学生体会不到阅读的真谛和乐趣，也就不可能激发内在的阅读动机，很难自发进行课外阅读（陈则航、罗少茜、王蔷，2010）。

就此，越来越多的学者开始提倡回归日常阅读的本质，即提倡学生进行自由自主的阅读，借以提升其外语能力（Krashen，1985）。持续默读

1 该文原刊登于《基础教育研究》，2016 年第 7 期，50–53. 有修改。

（SSR—Sustained Silent Reading）为自主阅读的一种方式，为在学校环境中培养学生阅读兴趣和习惯提供了具体的实践模式。总体而言，持续默读是指教师和学生一起在每天特定的时间段（通常是 5 到 15 分钟），不受其他事情的干扰自主默读，并且读后不必进行相关阅读测试或者报告（Gardiner，2001；Krashen，2004）。

持续默读的积极作用也得到了越来越多的研究证明。无论是在母语环境下（如 Birmingham，2006; Landord & Allen，1980）还是在二语环境下（如 Aranha，1985；李兴勇，2012），实验均证明，参加持续默读实验组学生的阅读成绩要明显高于对照组的学生。另外，克林和克雷特克（Cline & Kretke，1980）以及科比（Kirby，2003）的研究证明持续默读对于培养学生的阅读习惯和改善其阅读态度都有积极的影响。并且，项目持续的时间越长，一般在一年以上，其促进作用越明显（Krashen，2004）。

在以上理论和实践的指导下，本文将结合北京某小学三年级进行持续默读的实验来解释其具体操作原则和实施过程，以及对学生英语学习所产生的影响。小学三年级参加本研究的有两个（A、B）班，共 76 名学生。该持续默读计划为行动研究项目的一部分，数据的收集得到了二位教师的大力配合。

二、前期现状调查

项目计划与实施前，在两个班英语教师的帮助下，我们对学生的阅读现状进行了问卷调查，目的是使项目实施更具针对性以及更为客观地观测持续默读带来的影响。学生阅读现状的调查主要关注其阅读习惯、课外阅读量、所读书籍或书籍意向等。发放给两个小学班的问卷题目包括三个单选和多选题。A 班 37 人有效问卷 37 份，B 班 39 人有效问卷 33 份。分析结果如表 3.1 所示：

表 3.1 小学三年级参与学生的阅读现状调查

	阅读习惯方式			英语阅读量（本）					喜欢的书籍类型（多选）				
	默读	出声读	听别人读	0	1—3	4—6	7—10	>10	小说	科幻科学	童话故事	绘本漫画	其他
A 班	35	63	2	20	50	16	9	5	35	32	35	32	24
B 班	35	62	3	18	26	29	15	12	50	47	62	59	3

注：表中数据为人数百分比（%）

如表 3.1 所示，两个班综合而言，大部分学生喜欢出声读，阅读量集中于 1—3 本，大致表明学生还没有养成独立默读习惯，英语课外阅读量偏低。学生对小说，童话故事，科幻、科学故事，绘本、漫画类型的图书喜欢程度比较平均，这也为持续默读中班级图书馆的建立有直接的启示意义。这些前期的调查结果为持续默读的进行提供了必要性依据，并且确定了实施的着手点。

三、持续默读的开展与实施

本节我们根据前期的调查数据，对持续默读的实施从材料的选取、实施原则方面进行阐述。

1. 阅读材料的选取和准备

在调查结束之后，我们开始具体计划持续默读的开展与实施。毫无疑问，阅读计划首先要解决的是材料问题。正如麦克克拉肯和麦克克拉肯（McCraken & McCraken, 1978）的研究发现，缺乏适合学生的阅读材料是制约持续默读成功的首要因素。换言之，要使学生能够真正实现持续、投入的默读，首先要保证他们能够拿到自己感兴趣且难度相当的书。

罗少茜和李知醒（2014）对持续默读材料的来源、分类、分级等进行了详细介绍。在本研究中材料的选取也是基本按照这些原则。对于小学三年级的两个班，我们倡议学生将自己的英语书带到学校，同时学校教师也为学生提供了 Kites 学科英语系列及《领先阅读 · X 计划》系列图书。教师根据图书的种类和难度进行整理，形成班级图书馆，教师和学生共同制定班级图书借阅制度，交由学生自主管理。

2. 持续默读的实施原则

麦克克拉肯（McCraken，1971）提出了进行持续默读的六条原则，即：

- 每个学生必须不出声地读。教师可以强调对持续默读的严肃态度。
- 教师也要默读，而非来回巡视，为学生树立阅读榜样，以身作则。
- 每位学生选择一本书。学生自主选择一本书，中途不可更换以防其分心。
- 使用定时器。最好不要使用挂钟，以免学生过多关注时间。
- 不需要学生交任何形式的读书报告，否则会增加学生压力而对默读抵触。
- 在全班或者群体中进行。利用集体约束力，创造集体阅读环境。

这些原则得以真正实行起来可能需要几天、几周甚至几个月的时间，但是每一条原则都是保证持续默读项目成功必不可少的，因此要严格遵守（McCraken，1971）。咏（Yoon，2002）通过对近三十年的实证研究进行元分析，也强调了自主选择图书、教师模范和避免测试的重要性。

在这些原则的指导之下，两个班的学生开始进行持续默读。根据博特尔（Botel，1977）建议，每次的默读时间可以在 3—15 分钟，一般小学阶段可以控制在 3—5 分钟，中学可以持续 10—15 分钟。因此，小学三年级的两个班计划在周一至周五每天进行课前 5 分钟持续默读。

至此，读者可能会产生疑问：持续默读就是每天教师和学生一起进行几分钟阅读吗？我们如何知晓学生爱上了阅读，养成了阅读习惯，阅读能力和语言水平提高了呢？就第一个问题而言，持续默读看似简单，但是要真正坚持下来，使学生投入到几分钟的阅读时间里也非易事。第二个问题是核心问题，我们在进行每一项教学活动时，都会反思对学生学习的影响。然而，持续默读不提倡学生进行阅读汇报，要求教师避免直接对学生的阅读内容进行检测，其目的是为了不让学生认为持续默读增添了他们的压力（Gardiner, 2005）。其实，阅读本身的影响是潜移默化的，是无法测量和量化的（Coughlin, 1977; 罗少茜、李知醒，2014）。但为了尽量回答该问题，满足教师的好奇心与继续进行持续默读的信心，我们利用学生常规考试中的阅读成绩进行前后对比。另外，为了避免有学生在阅读时间里不读书，学生必须填写个人读书记录表（表 3.2），记录当天所阅读的书目和页数，教师有一个全班读书统计表（表 3.3）。

表 3.2　个人读书记录表

序号	日期	书名	字数	备注
1				
2				
……				

表 3.3　全班读书记录表

序号	姓名	读书数量（本）	读书字数	备注
1				
2				
……				

于此，教师必须强调这份阅读记录对考试成绩没有直接影响；同时，为了更深入了解学生对持续默读的态度，学生还接受了简单的访谈。下面将具体阐述持续默读对学生阅读成绩、阅读态度和阅读习惯的影响。

四、持续默读对于学生的影响

1. 持续默读对学生阅读成绩的影响

如上所述，持续默读的一个重要原则是不对学生进行持续默读测试，因此本研究的数据主要来自于学生常规考试（如期中考、期末考、区统考等）阅读板块的成绩。下面我们介绍小学三年级的情况。

由于持续默读计划的实行主要于三年级下学期逐渐成熟，因此阅读成绩借用了上学期期末考试成绩（前测）和下学期的期末成绩（后测）。为了更客观和直观地观测持续默读带来的潜在影响，我们还参照了没有进行持续默读班级的阅读成绩，结果如表 3.4 所示。

表 3.4　两个持续默读班与其他班前后测阅读成绩对比

	前测	后测		前测	后测
A 班	9.0	9.37	B 班	8.97	9.37
其他班	8.84	8.15	其他班	8.86	8.15
差值	0.16	1.22	差值	0.11	1.22

如表 3.4 所示，前测中 A、B 班的阅读平均成绩与其他班的平均成绩差值分别是 0.16 和 0.11，后测中差值均增大到 1.22。据该校教师解读，这个差距就小学生阅读水平而言还是比较明显的。因此，这也在某种程度上说明持续默读在一学期时间里对学生阅读能力的影响是积极的。

综上所述，阅读的作用很难得到量化，大量接触高质量的文字材料不仅仅旨在提高学生阅读理解和做阅读试题的能力，更重要的是使学生在阅读中能够体会到乐趣和充实感。只有当学生在书籍中逐渐找到自己的“黄金屋”和“颜如玉”，才能在阅读中体会到目的语言的美和灵性，了解多元文化知识等更高层次的收益，所谓“中心喜悦，则其进自不能已”。

那么每天用 5—10 分钟让学生自主默读，是否能让学生对阅读产生积极态度，从而帮助他们养成阅读习惯呢？下面我们将结合问卷调查、学生口头访谈或者笔谈的结果进行解答。

2. 持续默读对学生阅读兴趣和态度的影响

在进行持续默读一学期之后，我们通过问卷调查了三年级学生对阅读英文书的喜恶程度以及他们对持续默读计划的感受，问卷问题为开放性问题。就是否喜欢读英文书而言，A 班 37 名学生有 29 人（约 78.4%）回答“喜欢”，6 人（16.2%）回答“特别喜欢”，另外 2 人（5.4%）回答“还可以”或“还行”。在 B 班回收上来的 33 份有效问卷中，有 21 名（63.6%）学生回答“喜欢”，5 名（15.2%）回答“特别喜欢”，1 名（3%）回答“比较喜欢”，另外 6 名（18.2%）讲“还可以，还行”。

在被问到是否喜欢每天固定的阅读时间时，A 班 97.3%（36 名）的学生持积极态度，并解释道在每天的自主阅读时间里可以学习到课本以外的知识，可以看到别的小朋友的书。同样，B 班 93.9%（31 名）的学生赞同课前几分钟的阅读计划，认为这样既不影响正常上课，还能读到很多有趣的故事，也可以使自己安静下来。另外，还有个别学生提出时间太短，而且阅读时间应是自由支配的而不是教师要求在某一特定时间进行。在学校环境中要培养全体学生的阅读兴趣，持续默读的固定时间是受到客观情况限制的，但该学生对阅读活动有这样的理解还是令人欣慰和惊喜的。

兴趣和态度是个人主观的、潜意识的感受，一般很难受到外界的影响。但据以上结果显示，持续默读是一种培养学生阅读兴趣，且在正式课堂环境下可操作的有效方式。相对于发展兴趣和改变态度而言，阅读习惯的培养更加抽象且所需时间更长。虽然在几个月的时间里观测学生是否养成阅读习惯不太现实，但我们也尽量捕捉学生在此期间进行课外书籍阅读的意愿和行动表现。

3. 持续默读对学生阅读习惯的影响

小学三年级两个班的学生对问卷中最后一个问题（课外是否在自觉阅

读英语书？）的回答结果统计如表 3.5 所示：

表 3.5 小学三年级两个班进行课外英语阅读意向

	A 班（有效问卷 37 份）	百分比	B 班（有效问卷 33 份）	百分比
会	31	83.8%	19	57.6%
不会	4	10.8%	6	18.2%
有时会	2	5.4%	8	24.2%

在前期调查中，我们得知学生课外阅读量偏少，大多限于一到三本。在进行了持续默读计划之后，大部分学生表示他们在课外也会进行英语阅读，可见持续默读对学生进行课外阅读是有促进作用的。

这些数据也许不能完全证明学生已经养成了阅读习惯，但是至少表明该持续默读计划为学生阅读生活创造了开端，他们已经对阅读产生了初步兴趣，学会选择适合自己的读物。随着时间的增加和阅读经历的增长，相信他们会逐渐养成良好的阅读习惯。

五、结果讨论及后续建议

本研究通过小学持续默读的案例，说明持续默读的实施过程和原则，以及对学生英语学习的影响。该案例的结果进一步佐证了前人研究的成果，即持续默读对提升阅读成绩、培养阅读兴趣和培养阅读习惯的积极作用（如 Aranha, 1985; Birmingham, 2006; Cline & Kretke, 1980; Kirby, 2003; Krashen, 2004; Lanford & Allen, 1980; 李兴勇，2012 等）。

根据以上结果，我们可以看到一学期内学生在各方面的进步。虽然阅读活动是个人独立活动，阅读习惯的培养也是因个体而异的，但通过实践，我们可以总结出在班级进行集体持续默读具有以下几个方面的突出优势：

1. 集体约束力。个人习惯的培养会因缺乏监督而难以坚持，但在集体阅读环境中，在教师的示范和同学之间的相互影响下，学生会逐渐融入，这也是上文最后一条实施原则中提及的。

2. 资源互通性。在校外学生可能缺乏足量或者适合的阅读材料。在持续默读计划中，通过同学之间的图书共享，学校及教师的支持、指导与推荐，学生得以获得更广的书籍选择范围。

最后，我们需要强调在实施过程中教师经常会遇到的误区或普遍顾虑。第一，教师经常会担心学生在阅读时间做其他事情，因此会来回走动，意图监督学生进行阅读。其实，这样很可能会适得其反。如咏（Yoon, 2002）所言，家长或教师的阅读模范行为是让学生，尤其是儿童，对阅读产生积极态度的最重要影响因素。换言之，与其告诉学生阅读是有益的，不如让学生看到自己在专注地享受读书，并且乐于与学生分享自己的阅读喜悦与收获。在持续默读开展初期，参与本研究的教师们也反映个别学生不能够塌下心来读书而东张西望，可能是因为学生不爱读书，对拿到的书不感兴趣，或者是不知道持续默读的意义。但是随着时间的推移，在大家的影响下，他们也开始慢慢安静下来，从无目的地翻书到真正读起来。这种情况也是自然的。倘若有学生进入状态的时间过于迟缓，教师可以适当与其沟通，强调教师对这件事非常看重或帮其选择感兴趣的书等（McCraken, 2012）。

教师可能会遇到的第二个顾虑就是对学生阅读情况进行检测的问题。如上所述，持续默读不鼓励教师对学生的阅读内容进行检测，也不要将阅读情况与期末成绩相联系，但可以用另外的方式进行监测。除了本研究中所使用的方法之外，我们也可以设计一些读后交流活动，但要尊重学生的意愿。在本研究中，有学生就主动提出读后与同学交流的建议，在这种情况下，教师可以安排学生相互推荐书目，开展读书讨论分享会，或者鼓励学生进行读后随笔写作等等（罗少茜、李知醒，2014）。

另外，研究证明，持续默读一般要经过一年以上的时间才会带来更加明显和更具说服力的作用（Krashen, 2004）。持续默读所要遵循的六条原则也需要一段时间才能切实地在课堂上树立起来（McCraken, 1971），需要根据具体情况不断调整计划。

六、结语

阅读在人类文明社会中的重要作用不用赘言。真正意义上的阅读应是阅读主体主观需要的，阅读过程是个体由文会意、以文会友的内心感悟历程。当下电子产品和各种网上娱乐活动琳琅满目，学生会主观认为读书是枯燥无用的。再加上如今阅读课堂教学过度关注考试成绩，强调教授学生阅读应试技巧，导致学生对阅读的理解也局限在考卷上的几道多选题，这违背了阅读的本质意义，也不可能提高学生的阅读能力。其实最简单且有效的办法就是创造机会让学生安静下来，毫无压力地读自己喜欢的书，从阅读中学习阅读（Goodman, 1982）。正如 Krashen（2004）的《阅读的力量》一书所言：当孩子开始以阅读为乐，上了书本的钩之后，他们就会不由自主、毫不费力地掌握大家所关心的语言能力，并且可以从初级语言交流逐渐发展到可以用第二语言实现更高层次的目的。持续默读的目的是提供给孩子自主阅读的机会，让他们接触阅读、喜欢阅读，并逐渐养成阅读习惯。

第四节 阅读圈

一、引言

随着《国家中长期教育改革和发展规划纲要（2010—2020 年）》号召国人成为一个读书的民族，阅读教学也随之蓬勃发展。各级英语学科课程标准在阅读方面提出相应的要求。

1.《义务教育英语课程标准》与小学阶段的阅读

《义务教育英语课程标准（2011 年版）》（2012）对于小学阶段的阅读要求如表 3.6 所示：

表 3.6 《义务教育英语课程标准》二级阅读要求

二级	1. 能认读所学词语。 2. 能根据拼读规律读出简单的单词。 3. 能读懂教材中简短的要求和指令。 4. 能看懂贺卡等所表达的简单信息。 5. 能借助图片读懂简单的故事或短文，并养成按意群阅读的习惯。 6. 能正确朗读所学故事或短文。

到三级（初一）有了阅读量的要求：课外阅读应累计达到 4 万词以上。4 万词是什么概念呢？《丽声经典故事屋》[1] 第八级 *The Tale of Little Red Riding Hood*（《小红帽》）有 1000 词左右。也就是说，对于 1000 词左右的故事书学生需要阅读 40 本以上方能达到课标的三级阅读量要求。一般学生的阅读是拾级而上：从每本 30—40 词的图书逐渐到 100—200 词、200—300 词…… 显然，我们需要从小学开始培养学生的阅读能力，并从培养学生阅读兴趣和习惯开始。如何培养，我们有很多方式可以尝试，如持续默读（罗少茜、李知醒，2014）和拼图式阅读（罗少茜、谢颖，2015）。

本节主要介绍阅读圈的概念及操作步骤。

2. 英语阅读教学中存在的问题

英语阅读课堂中需要改进的有以下方面：（1）对学生阅读素养的培养；（2）对学生批判性阅读能力的培养；（3）对学生阅读技能的培养；（4）对学生听、说、读、写综合语言运用能力的培养；（5）对学生成为

1 《丽声经典故事屋》全套九级，适合 3-14 岁年龄段。

主动阅读者意识的培养。针对这几个方面，我们在此介绍阅读课堂中阅读圈的作用及其应用。

二、阅读圈

阅读圈（Reading Circles），又称文学圈（Literature Circles），是一种培养学生阅读习惯、享受阅读的方式 (Greef, Jenkins & Comer, 2002):

Reading Circles or Literature Circles is an intensive reading program which encourages the habit of daily reading for enjoyment, using attractive contemporary well-written books with a strong story. The process involves quiet reading in class and at home, discussions with the group reading the same book and writing the occasional response to the book (Greef, Jenkins & Comer, 2002: 313).

我们在教学中一般采用 *Bookworms Club Bronze: Stories for Reading Circles*（Furr, 2007）阅读圈的方式，其目标是要求学生 read—think—connect—ask—connect，边读边思考，问问题，比较文化并联系生活实际；其方式是一组同学阅读同一故事，每个人负责一项工作，有目的地读并与组内同学讨论、分享。

阅读圈包括六个角色：阅读组长（discussion leader），负责针对阅读材料进行提问，组织小组成员进行讨论；总结概况者（summarizer），负责对阅读材料进行总结；文化连接者（culture collector），负责寻找并对比阅读材料中出现的与中国文化的异同之处；实际生活联结者（connector），负责从阅读材料中探寻与实际生活或自身生活相关的现象；单词大师（word master），负责解决阅读材料中重难点或具有重要或特殊意义的单词和短语，并阐述原因；篇章解读者（passage person），负责探寻并阐释阅读材料中具有重要或特殊意义或写得漂亮的段落。

阅读时，学生根据自己的角色，经过独立思考、小组讨论、全班汇报、整理任务的过程，完成自己的角色任务。每个角色有一个任务表（可参考

Photocopiable Reading Circle Role Sheets[1]），包括角色名称、故事名称、职责介绍和写作空间。

三、阅读圈在英语阅读中的应用

本节介绍阅读圈在英语阅读中的应用，主要从选材、阅读圈课堂组织及如何灵活运用阅读圈几个方面展开。

1. 选材

已有研究表明，影响阅读的因素有多种。石奈尔（Schell, 1988）从互动的角度指出，影响阅读的因素可以分为内在因素和外在因素两大类。所谓内在因素，即来自读者本身的因素，而外在因素则是来自读者以外的，如文本等其他因素，这些因素的详细分类见表 3.7：

表 3.7　影响阅读的因素（Schell, 1988: 13）

Some major factors influencing reading comprehension	
External (outside-the-head)	Internal (inside-the-head)
Size of print Text format Clarity of writing Distractions Interest of material Text topic	Linguistic competence Word meaning Prior knowledge about topic Goal/purpose Interest in the topic Reasoning ability Ability to attend Strategies for “fix up”

1 Photocopiable Reading Circle Role Sheets: Bookworms Club Reading Circle Teachers' Handbook. Oxford University Press.http://119.90.25.32/newdoc.nccu.edu.tw/teasyllabus/113646032019/reading_circle_role_sheet.pdf

如表 3.7 所示，外在因素包括字号、文本版式、书写的清晰度、其他干扰因素、材料的趣味性和文本的主题；内在因素包括读者的语言能力、词汇意义、对话题的已有知识、目标（目的）、对话题的兴趣、推理能力、注意力策略等。其中，外在因素中材料的趣味性（interest of material）与内在因素中读者对话题的兴趣（interest in the topic）是相互补充的。鉴于阅读课都应该是一个互动的过程，它包含师生之间的互动以及读者与文本之间的互动。因此，在选择阅读圈的材料时，教师必须综合考虑学生的阅读兴趣、语言水平和认知水平。在采用阅读圈时，建议教师首先做一个学生阅读的需求分析，了解学生的阅读情况，如故事类型、语言水平。

需求分析后，在开始阶段，如果学生要求，我们可以为学生挑选阅读材料。之后，学生自己挑选阅读材料。因为他们每天都在读，了解他们年龄段的读物，并且把自主选择权交给他们，他们会认真去做，有当家做主的感觉。阅读材料一定要求学生读，读完可以表达自己对材料的理解，每个人可以有不同的理解；也可以让学生改编，这样可以发展学生的语言能力。教师根据不同特点的材料设计不同的任务活动：语言美、对话多且有趣的材料，可以让学生复述、表演或朗读；蕴含一定道理、思想性强的材料，可以让学生讨论，发表自己的想法。高年级不提倡过多视频，因为这在一定程度上会阻碍学生提高阅读能力和阅读兴趣。

2. 组织阅读圈

阅读圈是将学生按六人一组，分为不同的小组，在阅读同一篇文章时各自担任不同的角色。如图 3.3 所示，学生六人一组，六个角色引导学生关注词汇和语篇，总结故事，获取信息，或者联想身边的人和事，对比中外文化。每个学生在读不同的故事时选择尝试不同的角色。这样的做法可以避免学生走马观花式的读书，而让学生学会在读书中应该关注哪些方面，由此养成良好的读书习惯，通过读书学习语言和培养思维。

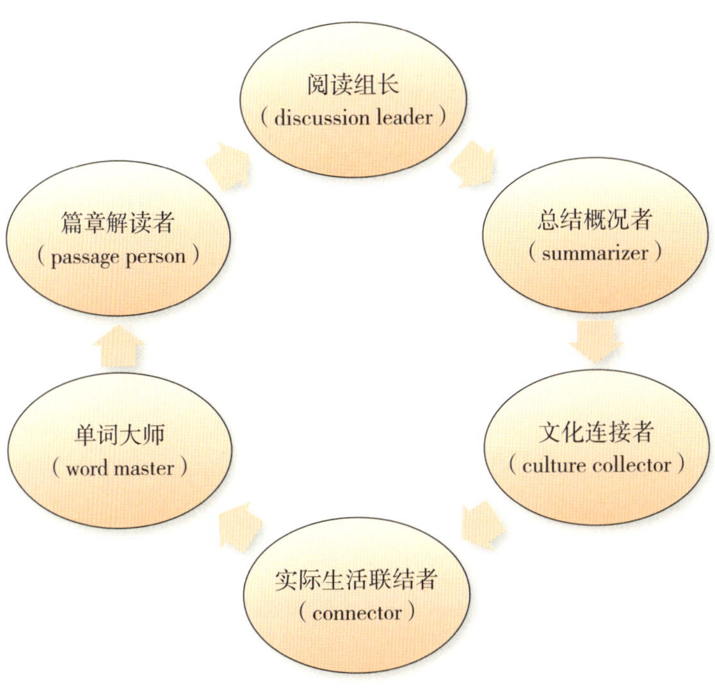

图 3.3 阅读圈

一般教材中的一篇阅读材料授课时间为两课时，在此，我们以阅读两个课时（90 分钟）为例[1]：

（1）上课前，教师分发给学生本次课堂的阅读材料（1—2 分钟）。

（2）小组成员按意愿进行分工，确定每位成员的角色（1—2 分钟）。

（3）全体学生在给定的时间内完成阅读（20 分钟）。

（4）在阅读组长的组织下开始小组讨论，完成各自角色的任务。在此期间，教师在教室里巡回走动，或参与学生讨论，或给予学生必要的帮助（25—30 分钟）。

（5）教师随机抽取任何一组或任一组的任一角色，让其向全班汇报完成的任务，并引导其他学生对其完成情况进行评判和讨论（40—50 分钟）。

---

1 我们也可以将阅读资料分配给学生课后做，在课堂上只做分享、展示和讨论。

（6）根据课上讨论情况记载，学生在课后将自己的任务完成结果整理在“角色循环阅读小组”的阅读记录册上。

阅读圈的角色每次都可以更换。学生可以练习和培养不同的能力，比如这次某位同学是 discussion leader，那么他可以学习如何提问让大家思考问题，下次他可以是 word master，挑出对故事理解或意义最重要的词，这样不仅可以学习词汇，而且还可以了解词的意义。

阅读圈活动是学生以小组分工合作的方式自主深度探讨文本的过程，学生探讨的是自己感兴趣的问题和他们愿意发掘并解答的问题。在此过程中，我们重点训练学生阅读理解能力，鼓励学生将阅读与写作结合，培养学生在阅读时的思辨思维能力。这样的阅读课堂有一种自主学习的氛围，是一个开放式的课堂。学生们自发地基于所读文本进行研究，针对文本的一些观点进行阐释与辩论。

3. 灵活应用阅读圈

在实践过程中，经常会有教师担心有的教材文本不适合采用阅读圈，或者不适用于小学或初中低年级。其实，作为教师，只要对于学生学习有利的方法就应该去尝试，学生也有权享受好的学习机会。如果教师觉得有的篇章不适合采用阅读圈，也可以将阅读圈改良，如将六个角色换成其他角色、增减角色等。附录就是北京房山地区一位张老师根据课文改良的结果。课文是一篇关于自然灾害的报道，张老师根据课文需要将阅读圈角色定为五个，保留了 discussion leader，word master，connector。由于课文是报道，便增添了 interviewer 这一角色，并将每个角色的任务进行了改编。张教师的课堂实践取得了成功。

有的小学教师（如北京某小学的教师）根据小学生的认知，也会将角色进行变换或简化，如四个角色，并将每个角色的任务根据学生的已有知识和语言水平重新定义。

4. 阅读圈的好处

很多学校的教师在自己的课堂中采用阅读圈的方式进行教学，取得了好的效果。他们反映通过阅读圈，不仅提高了学生的阅读能力，学生的主体作用亦得以发挥；同时，学生独立思考和合作学习的能力也有了提高（卞晓明、钱小芳，2016）。另外一位教研员和一位教师更是感慨："我们感叹学生在课堂上带给我们这么多的惊喜！大家都感觉自己原来的课确实给了学生太多的束缚，限制了学生的思维和创造能力。"

关于思辨能力方面的研究已有很多，如吉尔森（Geertsen, 2003）、保罗和埃尔德（Paul & Elder, 2006）、叶（Yeh, 2001）、林崇德（2006）和文秋芳（2009）等都做了相关研究。他们对思辨能力的内涵进行了探索和解释，思辨能力[1]的核心要素是解释、分析、综合、判断、推理和评价能力。这些能力是确保学生能够独立思考、实现创新的前提。然而，大量研究表明，我国学生的思辨能力有待培养和提高（高一虹，1999；黄源深，1998，2010；李莉文，2010；文秋芳，1999，2010）。鉴于此，学者们和教育者们呼吁英语教育必须在培养学生思辨能力方面实现突破，克服"思辨缺席症"（黄源深，1998，2010）。即将颁布的《普通高中英语课程标准》（修订版）更是将思维能力作为英语学科的四大核心素养之一，即思维品质。

培养学生的思维品质和思辨能力需要什么条件？Kurfiss（1988）认为思辨能力表现为在复杂的环境中，根据已有的证据和价值体系作出合理的判断。何云峰（2000）指出，真正有创造能力的主体绝不能够被动地接受来自环境的刺激，并对别人的观点毫无异议地"悉数照收"。因此，他认为批判性思维是一个主动思考和提问的过程。同时，黄华新和濮方平（2000: 30）也提出批判性思维的基础是怀疑、观察和实验，面对"思维定式"敢

1 Critical thinking skills 的另一种普遍译法为"批判性思维能力"，这里我们采用"思辨能力"的译法。但在引用文献时，为尊重原作者，会采用"批判性思维能力"的说法。

于“反向思维”，敢于“向传统沿说挑战”。因而，要培养学生的思辨能力，就要从培养学生学会质疑、提问、思索并寻求答案的能力开始；而这种能力，并不能通过传统教师“满堂灌”或“一言堂”的授课方式完成。

近年来，有学者在英语各项教学与思辨能力的培养方面进行了有效的探索（如李莉文，2011；文秋芳，1999），在写作教学和口语教学等方面提出了许多有意义的建议和实践方法。也有学者在英语阅读教学与学生思辨能力的培养方面进行了探索（如陈则航、王蔷，2016）。本章介绍的英语阅读课中的阅读圈活动采用任务型教学方法，秉承培养学生思辨思维意识和提高学生思辨能力的理念，根据学生阅读材料的不同设计多样的任务，分配给学生不同角色，引导学生从多元角度与阅读材料及作者进行互动。学生通过完成自己和小组的任务开阔视野、活跃思维、提升能力。

总结起来，阅读圈有如下益处：

- 鼓励快乐阅读 to encourage reading enjoyment
- 发展批判性素养 to develop critical literacy
- 给予学生与文本互动的机会 to give students the opportunity to engage with texts
- 让学生有感而发 to develop an emotional response
- 在选材和技能发展方面赋权于学生 to encourage a sense of empowerment in students through their choice of reading material and through skill-development
- 培养终身阅读能力 to hone a foundational lifelong skill
- 鼓励合作学习 to encourage cooperative learning
- 培养交流和分享能力 to develop communication skills through sharing and substantive conversation
- 在课表基础上发展语言综合运用能力 to build on the English curriculum strands of reading, listening, speaking, and writing

(Greef, Jenkins & Comer, 2002: 312–313)

四、结语

阅读圈对学生的阅读兴趣和思辨能力的培养贯穿在故事选择、课堂教学和阅读分享三个方面。通过对英语文本的阅读、讨论和写作，学生英语水平得到提高的同时，其思想在与作品本身及同学的交流中也得到表达，让学生变得更愿意去阅读、思考、质疑和论证。

为了教学中融入阅读圈，培养学生的阅读和思考能力，教师首先要有思辨能力的意识。众所周知，教师对学生的影响决不仅仅在知识方面，教师的思想、观念、思维习惯等也在教师与学生的接触中无形地传递给了学生。因此，一名具有思辨思维的教师更有可能培养出具有思辨思维的学生，也更有意识去培养、提高学生的思辨能力。正如一位学生在我的课程反思中所说："老师本身是个批判性思维者，她在课堂上不管是对文章的分析，还是对事物提出自己的观点，都经常有自己独到的看法，富有敢于质疑的勇气。老师言行本身所表现的批判性思维，我们大家能够获得很多感染，感受到批判性思维的魅力…… 虽然现在没有机会上老师的课了，但老师积极提倡的批判性思维给了我和其他同学很大的启发，知道了'一加一真的不一定等于二'，知道自己每天接触的各种概念也许外表强大但其实不堪一击。"

其次，要培养学生的思辨能力，教师要转变角色，改变教学方法。正如上文所说，思辨能力归根到底是解释、分析、综合、判断、推理和评价的能力，是一种敢于挑战传统、挑战他人观念的能力，也是一种主动思考和有效提问的能力。这与传统地在单纯的语言技能方面培养学生的能力有巨大的区别，不能用传统的说教与教师单纯讲解的方式授课。同时，英语阅读课的阅读信息量大，涉及的内容广，由于授课时间的限制和课程培养目标的要求，教师不可能也没有必要为学生进行语言点的精讲。这给教师通过英语阅读课培养学生思辨能力提供了良机，让教师在阅读课的授课过程中可以更有效地引导学生去思索、质疑并寻求答案。这要求教师在阅读课的教授过程中，巧妙地设疑，合理地质疑，并有效地设计课堂教学活动，创设良好的课堂氛围，形成思辨型教学文化，养成读写结合的学习习惯，并对阅读教学活动进行恰当的评价。

最后，要通过英语阅读课培养学生思辨能力，必须选择合适的阅读教材。杨立民（2009）认为我们应该从大量的阅读材料中寻找到“题材多样，文体不同，长短适中，内容丰富，文字优美，难易恰当，生词量不多不少，语言现象可圈可点，学生学起来爱不释手，教师教起来称心如意，思想前卫，又能通过政治审查；涉及的问题既是当前的热点，又具有普世长远的价值”的文章作为精读教材。我们认为，培养学生思辨能力的英语阅读课程教材同样需要这样的标准，甚至要更注重那些具有强烈思辨色彩或能够引起思考的优秀作品。

阅读圈围绕学生对于文本的理解对其进行分析和讨论。阅读必须广泛、多样并具挑战性。我们要给学生整本书，让他们进行深度阅读，为获取信息而阅读，为获取快乐而阅读（英国国家课程标准）。学生的阅读兴趣和阅读习惯不是一日练就的，而是长期的工程。作为教师的职责就是引领学生从阅读中获取乐趣和吸取知识；从思考中获得智慧和从问答中赢得灵感；从写作中提升语言和思辨能力。阅读圈给我们提供了一种途径，我们要朝这个方向前进。

附录　张老师的阅读圈角色表

Discussion Leader

1. Raise two questions based on the text and write down your answers. You can ask questions about details or main ideas.
2. Share your questions with your group. You can say, “My first question is… The answer to it is…”
3. Ask your group what they think of your questions and raise another one. You may ask, “What do you think of my questions? Do you have other questions?”

4. Organize the discussion.

Question 1

____

Answer

____

Question 2

____

Answer

____

Connector

Write down your feelings after reading the text and what the text makes you think of. You can connect the text with our real life. What can you learn from the text? Share your connections in your group. Ask your group's connections.

My Feelings / Opinions

____

____

____

____

____

____

____

____

____

____

____

____

Question Raiser

Raise **three** questions and write down your answers, too. When sharing, you ask your partners to answer your questions.You can ask questions about details, main ideas, inference or guessing meaning of a word.You can begin your questions with what, when, why, where and how.

eg .What can you infer from paragraph C ?

Question 1

____

Answer

____

Question 2

____

Answer

____

Question 3

____

Answer

____

Word Master

1. Collect **five** words or phrases from the story. Choose the words that are new or difficult to understand or important for the text. You can also choose those that you think are very good and useful.
2. Share your words with your group. Choose one word and explain why you have chosen it.
3. Ask your group to add more words.

My Words / Phrases

Nouns

____

Verbs or verbal phrases

____

Adjectives

____

Other words or phrases

____

Reason for choosing the words

I have collected the word ______ because ________________

Interviewer

Suppose you have a chance to interview the main character in the story,

1. Prepare **two** questions to ask him/her. Maybe it is about something that you can't understand in the text or something else you want to know.
2. Discuss with your group and ask for possible answers.
3. Choose two members in your group and act out the interview. You may begin it with this, "Good morning. I read your story, and may I ask you some questions?"

Question 1

____

Possible answer

____

Question 2

____

Possible answer

____

第四章

分级阅读优秀教学案例

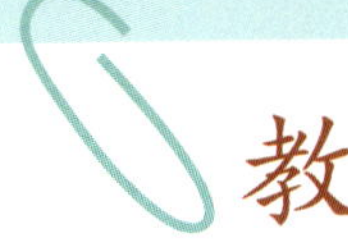

教学案例 1

Cat and Dog Play Hide and Seek
《大猫英语分级阅读》1 级

一、教学设计

分级绘本标题	*Cat and Dog Play Hide and Seek* 《大猫英语分级阅读》1 级
设计者	高菲菲
学生年级	小学二年级

教材分析

本故事选自《大猫英语分级阅读》第 1 级。故事主要讲述了小猫和小狗在房间里捉迷藏的过程。故事图文并茂、生动有趣。故事围绕小狗在家里各个房间找小猫的故事展开，情节看似简单，但是所有情境里提到小猫藏的地点，实际上都是小狗认为小猫藏的地方，并不是小猫真正藏的地方。词汇主要涉及房间、家具和介词等。主要的语言结构包括：Is he...? Where is it? 等。

教学设计思路

遵循课程标准提出的各项要求，在整体设计教学目标的过程中，教师充分考虑语言学习的渐进性和持续性，从输入语言和学生语言表达的角度鼓励学生说完整话。在注重学生语言学习的过程中，教师重视语言学习的实践性和应用性，主张学生在语境中接触、体验和理解真实的语言。通过学习和阅读故事，最终学生可以在适当的情境中使用语言，达到用语言做事的目的。

教学目标

- 在图片的帮助下，提取故事主要信息，理解故事大意。
- 通过图片和已有的生活经验，预测故事情节。
- 归纳故事的主要信息，给故事起名字。
- 模仿、朗读故事。
- 模仿故事，与同伴玩捉迷藏游戏。

阅读策略

- 能够利用上下文、插图及已有生活经验来猜测单词或话语的意义。
- 能够借助阅读材料中的关键词对故事的发展做出预测。
- 借助图片环游的阅读形式，培养学生的观察力和想象力。

教学过程

读前活动

➤ 热身

听唱歌谣 *On, In, Under*，教师和学生做动作跟唱，学生在感知语言的同时，借助肢体动作体会物体与物体间的位置关系。

<table>
<tr><td>歌词</td><td>Where is the mouse? The mouse is in the house.
Where is the cat? The cat is in the hat.
Where is the fish? The fish is in the dish.
Where are you? I'm in the classroom.
In, on, under, in front of, behind, next, between...</td></tr>
</table>

复习已学知识

手指游戏，两人一组利用双手摆放的不同位置，复习有关 in, on, under, behind 等表示位置关系的介词。

读中活动

导入

学生通过观察被遮挡的图片（见图 4.1），在激活旧知识的同时预测本节课的主要人物，了解故事发生的主要情境。

1. 猜测故事主要人物。

T: Today, I am so happy. Because we have two friends, and they are coming to our classroom. Do you know them? Who are they?

T: I can see two small ears, who is he?

图 4.1

2. 观察图片，明确故事发生的情境。

T: What are they doing there?

Ss: They are playing hide and seek game.

图片环游

【借助插图，预测故事情节】

观察房间平面图（见图 4.2），为了拓展学生的想象和猜测的空间，将小猫藏身的位置进行遮挡。图片环游阶段使用遮挡图（见图 4.3）。

图 4.2

图 4.3

1. 出示房间平面图，小猫消失在房间内，学生猜测小猫可能藏匿的地方。

T: What happened? Can you see the cat in this big house?

T: Can you guess where the cat is?

2. 综合学生的猜测，统计其认为小猫最可能藏身的房间名称（此处假设为客厅）。

T: Is he under the sofa in the living room? Do you agree with him?

T: Most of you think the cat will be in the living room. Let's go and find the cat. OK?

3. 创设捉迷藏情境，带领学生进入房间（见图 4.4）进一步搜索，同时进行用英文玩捉迷藏的语言输入。

图 4.4

T: Close your eyes. Count five numbers for me.

Ss: Five, four, three, two, one.

T: Open your eyes. Where is the cat in the living room?

4. 听小狗的音频，验证学生猜测的位置是否与小狗一致，并通过观察图片（见图 4.5），检查自己的猜测结果是否正确。

图 4.5

T: Is he behind the chair? Let's listen to the dog.（播放小狗在客厅寻找的音频）

T: Look, is he behind the chair?

Ss: No, he is not behind the chair.

5. 排除客厅，回到主平面图，选择另一个房间（见图 4.6）进行搜索（假设为餐厅）。学生自由表达后，听小狗的音频，观察（见图 4.7），对猜测结果进行确认。

图 4.6

图 4.7

T: Where is the cat this time? Dining room, kitchen or bedroom?

T: Is he under the table? Let's listen to the dog.

Ss: No, he is not under the table.

6. 排除客厅和餐厅，再次回到主平面图，选择新的房间（见图 4.8）进行搜索（假设为厨房）。学生自由表达时，学习生词 cupboard，听音频看图片（见图 4.9），验证猜测结果。

图 4.8

图 4.9

T: Is he in the cupboard? Let's listen to the dog.

T: We usually use cupboard in the kitchen. What do we have in the cupboard?

学生借助图片，结合生活经验，有能力推断出生词的意义，故此处教师借助语境描述生词意义即可，不必作为疑难点学习该词汇。

7. 展示平面图，进入最后一个房间（见图 4.10，假设为卧室）。学生自由表达时，教师注意对其结论的追问，鼓励学生说出猜想的原因。听音频，看图片（见图 4.11），验证结果。

T: Where is the cat?

S: I think the cat is under the bed.

T: Why?

S: Because the bed is big.

图 4.10

图 4.11

8. 再次观察平面图，依靠自己的力量帮助小狗找到小猫（平面图通过动画的形式将遮挡的小猫显示出来），呈现未经遮挡的房间图。

S: I can see the cat is on the light.

【观察图片信息，预测故事结局】

1. 观察小狗表情，引发学生讨论：小狗是否看见了小猫？并追问原因。此处将小狗按下的按钮进行遮挡（见图 4.12），提醒学生关注小狗的表情。

T: Look at the dog, does the dog see the cat? Why?

图 4.12

图 4.13

2. 观察完整图片（见图 4.13），引发学生讨论：小狗是否找到了小猫？并追问原因。

T: Does the dog find the cat? Why?

3. 学生打开故事书进行自主阅读，发现故事的最终结局。

T: Do you want to know if the dog finds the cat or not?

T: Take out the book and enjoy the story.

➤ 封面信息的获取

1. 为故事起名字。

呈现将书名遮挡的封面（见图 4.14），鼓励学生为喜欢的故事起一个新名字。

T: Do you like this story? Would you like to give it a new name?

图 4.14

2. 关注封面，明确书名、作者等相关信息。

T: What's the name of this story? What can you see in the cover? Who is the writer?

➤ 听故事，跟读，模仿语音语调

➤ 两人一组，朗读故事

➤ 阅读展示

读后活动

1. 更换角色，玩捉迷藏游戏。

T: This time, dog wants to hide. Do you want to help cat find the dog?

T: Who wants to be the dog? Close your eyes.

S: Five, four, three, two, one.

T: Open your eyes.

S: Is he under the table?

T: Yes/No.

2. 自主选择盒中动物（见图 4.15），与同伴用英语玩捉迷藏游戏。

S1: Close your eyes.

S2: Five, four, three, two, one.

S1: Open your eyes.

S2: Is he...?

S1: Yes, it's your turn. Close your eyes...

图 4.15

家庭作业

- 朗读故事，选择最喜欢的篇章读给你的朋友或家人。
- 与家人或朋友用英语玩捉迷藏游戏。

板书设计

教学前的问题预测和应对措施

» 故事文本简单，学生又处于低年级阶段，如何设计丰富的教学活动？

绘本的构成分为图和文两部分，图片不仅仅起辅助和诠释文字的作用，它也与文字共同担当讲故事的重要角色。低年级故事教学多采用图片环游形式，教师利用对图片深度挖掘开展教学活动。在教学过程中，教师首先不出示文字，而是让学生看图片。给学生想象的空间同时，让学生掌握绘本的整体意境。接着教师对图片进行遮挡，制造悬疑，不仅可以激发学生阅读的好奇心，而且未遮挡的部分又可以将学生的猜测控制在合理范围之内，准确地掌控了授课时间和节奏。

» 低年级学生词汇量少，如何在故事中处理生词，避免词汇的机械教授？

为了保证故事教学的整体性，避免将故事课上成词汇课、会话课，影响学生阅读的兴趣。在备课时，教师将生词分类，明确哪些词是学生可以借助图片理解的，哪些词是需要通过肢体动作表示的，哪些词是需要创设情境学习的。教师采用不同手段处理新知识，从而提高阅读效率。

» 如何借助故事发展学生思维？

教师对于故事阅读的教学目标不应该仅停留在记忆理解和应用的层面，而是要将如何提升学生的思维体现在教学活动设计中。教师在课堂中可以依据学生的回答追问为什么，鼓励学生向同伴提出质疑，勇于发表自己的看法。

二、案例点评

这个教学设计是《大猫英语分级阅读》第1级的一个故事，*Cat and Dog Play Hide and Seek* 讲述了小猫和小狗捉迷藏的故事。故事教学采用图片环游的模式，教师带领学生进行阅读。在教学的过程中，教师从始至终用给学生制造悬念的方式，激发学生的参与兴趣，学生一直以非常兴奋的状态参与阅读活动。

在阅读前，教师没有采用常见的读故事封面找作者的方式，而是遮住故事的主人公小猫和小狗让学生猜，而且故事的题目是在全部故事读完之后让学生来给。因为故事的场景都是在家里的不同房间，并没有一定的顺序，所以教师在图片环游时也打破了按顺序阅读的方式，让学生猜测和选择，学生说去哪里，教师就带着学生去哪里。每去一个房间，教师采用了让学生对故事进行预测的方式，并把这种鼓励学生猜测和思考的方式贯穿始终，比如对故事人物的猜测、对故事情节的猜测、对故事内容中具体细节的猜测以及对故事结尾的猜测等。为了能让故事有更多悬念，教师对图片也做了处理，比如故意抹去小猫所在的地方、抹去墙上的开关等，让学生通过观察图片，思考和预测，并输出语言。每一次的猜测和讨论教师都没有只停留在事实性的信息层面，而是深入挖掘，根据学生的回答进行追问。教师在整节课中使用了很多 why 的问题，让学生能够为自己的猜测找到理由，培养学生的逻辑思维能力。在整个阅读故事中，每走进一个房间之前，教师都带领孩子们数 5，4，3，2，1，将他们带进故事，学生们完全感觉自己就是故事中的小狗，努力寻找小猫。在读后活动中，教师不仅设计了基于文本的输出活动，还设计了让孩子们扮演不同的小动物在画板上玩捉迷藏的故事。因为教师准备的教具画板也有很多小机关，学生们在玩捉迷藏的时候非常投入，同时也很自然地使用和内化故事中的语言。

这是一个非常优秀的低年级故事课的教学设计，其中有很多值得其他教师借鉴的地方。在这个教学设计中教师巧妙地使用提问和追问的方法，培养学生的思维能力，同时让学生在参与中内化和使用语言。

教学案例 2

Pickles' New Home
《领先阅读 · X 计划》2 级

一、教学设计

分级绘本标题	*Pickles' New Home* 《领先阅读 · X 计划》2 级
设计者	刘振洪
学生年级	小学二年级

教材分析

Pickles' New Home 是选自《领先阅读 · X 计划》学生包 2 中的一个故事。故事讲述的是：主人公 Cat 和 Ant 为他们的宠物小仓鼠 Pickles 准备了一个新家，然后他们利用魔表变小，和小仓鼠一起在新家中玩耍，最后小仓鼠入睡了，Cat 和 Ant 怕打扰小仓鼠而悄然离去。故事的结局让人感到很温暖，主人公的悄然离去既体现了人和动物之间的平等，又体现了关爱动物的人文价值。故事当中的句式比较简单，语言结构有重复，虽然有一些生词，如 spin, dizzy 等，但是由于有大的语言情境作为支持，所以教师可以通过图片或动作让学生体会，因此总体学习难度不大。

学情分析

本次授课对象为我校二年级（2）的学生。从认知特点来说，低年级学生的心智发展不成熟，以形象思维为主，但是他们活泼好动，喜欢模仿、表演。从知识储备来说，经过一年来的阅读教学，学生能够正确指认封面中的题目、作者、绘图者，并能够在教师和录音的帮助下朗读故事，同时能够在教师的引导下对故事进行简单的预测。

基于对教材和学情的分析，在本节课当中，我采用了体验式教学法，带领学生跟随着主人公一起到 Pickles 的新家去玩耍，让学生通过体验参与到故事当中。同时，通过对故事的预测培养学生的发散思维能力。

教学目标及教学重难点

教学目标

学生在本课结束时，能够：

- 在图片、实物的帮助下理解故事大意。
- 正确地朗读故事。
- 与同伴合作，复述故事。
- 借助人物手偶，运用 Sb. can... 的句型，描述在仓鼠的新家可以进行的活动。

教学重点

理解故事大意并复述故事。

教学难点

- 对 spin, dizzy 的语义理解。
- 能够借助人物手偶，运用 Sb. can... 的句型，描述在仓鼠的新家可以进行的活动。

教学用具

多媒体课件，实物图片，单词卡片，人物手偶

教学过程

Stage1 Pre-reading

1. 看一看，说一说，做一做。

幻灯片呈现各种动作的图片，学生边看边根据自己的实际情况进行描述，如：swim, swim, I can swim.（相关动词涉及：swim, play, run, eat, jump, sleep, drink）

【设计意图】活跃课堂气氛，激发学生的参与热情，激活学生已有语言，为最后的拓展输出做准备。

2. 引入主题，创设情境，巩固文本概念。

黑板上教师事先画好仓鼠的新家，并用一大张彩纸遮盖住，引导学生猜一猜黑板上的东西是什么。

T: Can you guess what's on the blackboard?
  Whose home is it?

T: It's the hamster's home. Its name is Pickles. Today, we will learn a story called *Pickles' New Home*.（教师在黑板上写出标题）

T: Who is the writer? Who's in the story?

学生一边猜测，教师一边把主线人物 Cat 和 Andy 贴到黑板上。

Stage 2 While-reading（图片环游）

1. 观察图片，关注人物表情。

T: Why does Cat say wow? Guess what Pickles will say.

2. 设置悬念，调动经验，引发想象与思考。

T: Pickles gets into the cage. Do Cat and Ant want to go inside? How can they go? Can you guess how Cat, Ant and Pickles play in the cage?

教师把 Pickles, Cat, Ant 几个角色的图片放到黑板上的笼子里，并让学生到前面来摆一摆，说一说他们几个在笼子里是如何玩耍的。

【设计意图】 通过一系列的猜测活动，引导学生对故事的发展进行大胆预测。

3. 继续图片环游，激发学生的预测和联想。

T: Look, Ant can go up. What about Cat/Pickles?

What can Cat/Pickles do?

What will Cat/Pickles say?

教师一边说，一边把图片贴到黑板上。

【设计意图】 图片本身虽然没有语言，但是教师通过猜一猜的活动，可以鼓励学生推测故事中人物可能会说的话，开启学生思维，激活学生旧知，引发学生思考。

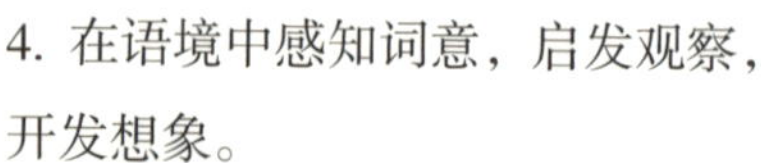

4. 在语境中感知词意，启发观察，开发想象。

T: What happened to Cat and Ant?

How do they feel?

Why do they feel dizzy?

教师带领学生起立，快速转圈以感受 dizzy。

5. 带着悬念，学生自主阅读。

教师只呈现图片的局部图 Cat，引导学生猜一猜为什么 Cat 做了一个不要出声这样一个手势，并把书发给学生，让学生自己到书中找答案。然后教师再引导学生猜一猜 Ant 会说些什么。

Stage 3 Post-reading

1. 听读故事，认读词句，自主朗读。

T: Listen to the whole story.
Listen and point to the sentences.
Listen and repeat. Choose your favourite part to read.

2. 学生讲故事。

Tell the story in groups.

3. 联系生活，迁移运用。

教师引导学生说一说他们还会玩些什么，并把教师准备的一些用具的图片，如球、水、食物等粘贴到黑板上。然后小组合作，用 Sb. can... 的句型对他们可能进行的活动进行描述。

T: In the story, Cat, Ant, and Pickles can go up, go down and spin. What else can they do? What else can they play?

【设计意图】此环节主要培养学生运用所学语言，发挥想象力，学会将所学语言迁移运用到新的情境中。

4. 布置作业。

Try to tell the story using the picture to your parents.

板书设计

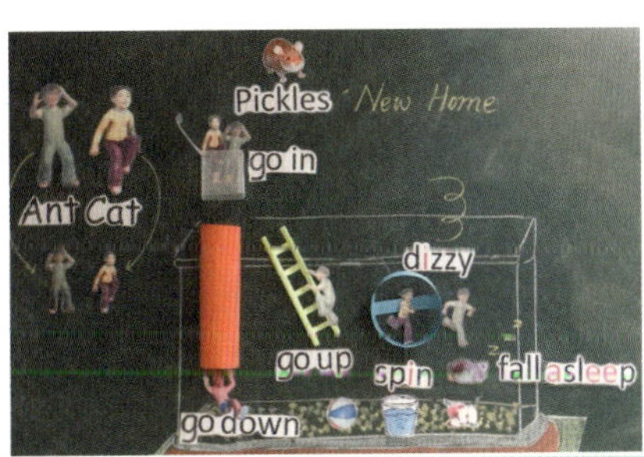

二、案例点评

这个小故事选自于《领先阅读·X计划》2级，适合小学一、二年级学生学习。内容和情节虽然都比较简单，但是却反映了人与动物和谐共处以及主人公对动物的喜爱和爱护。教师在对教材的分析中都关注到了这一点，为教学设计奠定了非常清晰的主线内容。这个故事也与低年级小学生的认知和生活经验比较接近，孩子不仅可以基于个人经验开展充分的想象和表达，还可以丰富自己的生活知识，了解小仓鼠的生活习性。

本课的设计很好地利用了图片环游的教学方式，它特别适合小学低年级学生。教师开始上课时，先以TPR的方式激活学生已经学过的行为动词，一方面复现词汇，为最后讲好故事做铺垫；另一方面也通过TPR使学生快速进入学习状态。开始读故事之前，教师还注意引导学生关注封面，认识作者和绘图者，发展学生的文本概念意识。

进入故事阅读环节，教师按照情节发展的顺序，以图片为引导，分四个环节与学生分享故事内容。在每个环节中，教师都设计了巧妙的提问，激发学生的思考和想象，以及表达的愿望。首先，教师揭开黑板盖着的图片，引出小仓鼠的新家，为学生读故事创设了主题情境，激发了学生的阅读期待。然后，教师让学生观察第一幅图，并在故事图片中Cat和Ant可能会说的话处留出空白，启发学生观察图片中Cat和Ant的表情，猜测他们的交流内容，为语言表达创设了情境，也为课堂生成提供了空间。接着，教师通过再次提问，引导学生猜出Cat和Ant要和小仓鼠玩，就要通过魔表将他们变小后再进入到小仓鼠的新家和它一起玩。学生欣喜地发现小仓鼠玩转轮时头一点都不晕，但Cat和Ant玩起来却会头晕。对于陌生的词汇，教师并没有单挑出来教，而是在语境中让学生感知词意，并通过动作理解词意，如spin，dizzy等词汇，教师巧妙地把新词的习得融入故事学习中。在故事的结尾处，教师通过提问设置悬念，而且不再和学生一起读故事，而是让学生通过自己阅读去发现故事的结尾。这样就使课堂不会总是按照一个节奏进行，避免小学生产生注意力疲劳。学生带着疑问和期待进行自主阅读，为他们养成自主阅读的习惯提供了直接体验。在读后环节，教师主要为学生提供了朗读、默读和迁移创造的机会，最后让学生联系生活，想象在仓鼠的新家，朋友们还可以玩什么游戏。

整体教学设计从文本分析出发，设计思路清晰，层层设问，恰到好处，有效地激发了学生听故事、读故事、学语言、学文化、讲故事、编故事的愿望。在这样一节课中，孩子们既发展了阅读素养，也发展了思维能力、观察能力、想象力和推理判断的能力，从始至终融入了师生对小动物的爱心。

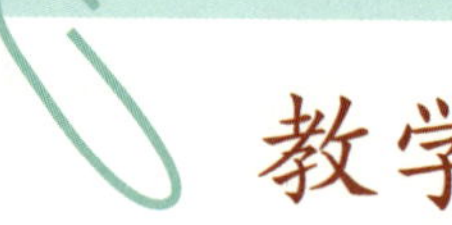

教学案例3

Tec and the Hole
《大猫英语分级阅读》2级

一、教学设计

分级绘本标题	*Tec and the Hole* 《大猫英语分级阅读》2级
设计者	任艳竺
学生年级	小学二年级

教材分析

《大猫英语分级阅读》是全国重点课题“中国中小学生英语分级阅读体系标准研制”的配套实验教材，作为《领先阅读·X计划》的补充。书中故事主题丰富，内容有趣，其中包括科普类知识，帮助学生增长见识。还有许多有寓意的小故事，加强学生的思想教育，教会学生做人做事。

本课的故事是第2级1的一个故事，故事的主人公是一个叫作Tec的侦探。故事围绕着Tec发现了一个坑展开，从而引出一个非常有趣的小故事，最终发现是Tec的小狗挖了这个坑，更为有趣的是小狗一直跟随着Tec寻找坑的主人。

本课作为故事学习的第1课，侧重学生对于故事内容的猜测和理解。在本课的故事教学中，采用让学生借助图片推测和猜测故事发展的阅读策略，培养学生用英语思维的能力，借助故事情节发展学生的情感态度价值观。

学情分析

本课的教学对象是我校二年级 1 班的学生，学生只有一个学期的《领先阅读 · X 计划》学习经验，他们对于故事阅读非常感兴趣，大部分学生能够通过观察封面，寻找故事题目和作者信息，喜欢和教师一起观察图片，提取信息，预测故事情节发展。

教学内容

核心词汇：who, dig, hole, rabbit, squirrel, girl, man

阅读策略：（1）关注封面上的图片、作者和绘者等信息。

（2）借助图片信息，预测故事情节发展。

教学目标与教学重难点

教学目标

在本课学习结束时，学生能够：

- 通过观察图片，分析故事中不同坑洞的特征，合理猜测挖洞人。
- 借助图片描述故事。
- 尝试评价故事中的主人公并表达个人观点。

教学重点

在图片的帮助下推测故事情节，读懂整个故事。

教学难点

在猜测故事情节中，通过观察、对比图片，推测合理的故事结局。

教学用具

自制课件，配套音频，板书示意图文卡片，侦探帽，放大镜，“Who

dug the holes?” 活动纸

教学过程

导入

1. 教师与学生互致问候，如：

Hi, boys and girls. Glad to see you again.

How are you today?

What’s the weather like today?

It’s a nice day. We can play outside.（呈现户外情景）

2. 师生分享情景图片。

教师引导学生观察图片，提问：Look, what can you see in the picture?

学生观察图片，说出看到的景物：I can see…（trees, flowers, a boy, a play park…）教师根据学生说出的景物提一些相关问题，与学生进行简短交流。

提问建议：

当学生说出 tree 时，老师回答：Maybe there are some animals in the tree. But we can’t see them.

当学生说出 flowers 时，老师提问：What color are they?

当学生说出 a boy 时，老师提问：Where is the boy? What is he doing? Do you like to play on the swing?

教师指着情景回答：It’s a colorful and beautiful place, right? The story happens here.

【设计意图】与学生进行有关生活实际的交流，拉近与学生的距离，并引出故事发生的情景。

3. 呈现各种 hole 的图片，帮助学生理解 hole 的意思。

教师引导学生发现地上的一个坑洞，说：Wow, there is a hole. 然后教师简单谈论一下坑洞，引导学生进行初步猜测：What do you want to know about the hole? Do you have any questions? Wow! Yes! Who dug this hole?

之后教师引出故事主人公：Look! A man is coming to help people. Who is that man?（His name is Tec.）教师拿出侦探帽戴在自己头上，说：Now, I'm Tec. I can help you. 教师引导学生迅速进入角色，说：Who wants to be Tec? 学生戴着帽子，手拿放大镜，体验当大侦探的感觉。

【设计意图】让学生能够真正体验当大侦探的感觉，带上帽子，拿着放大镜到洞口去观察，激发学生积极参与、探究、体验的兴趣。

Pre-reading

1. 教师呈现动画帮助学生理解 dig–dug。

T: Tec went to find out who dug this hole. 教师贴 hole 图片，呈现 dug 动画。教师在黑板上贴图：Who dug this hole? 提问：Now, you are Tec. Who wants to try?

2. 了解文本信息。

教师出示读物，带领学生了解封面、书名、作者和绘者。

提问建议：

Do you want to read the story?

What is the title? The story is called *Tec and the Hole*.（在黑板上贴图）

Who wrote the story? Who drew the pictures?

【设计意图】建立文本概念，让学生学会认识封面、标题、作者以及绘者等；观察主题图，为预测故事奠定基础。

While-reading（图片环游）

1. 猜测故事情节。

教师引导学生猜测故事情节：Who dug this hole? Can you guess? Why do you say so? 教师呈现句型：Was it the ...? Now, let's search with Tec.

【设计意图】激发学生已有生活经验及认知，思考可以挖洞的人或动物，大胆猜测是谁挖的洞，并鼓励学生说出理由，引导学生的逻辑推理（可以用中文）。

2. 根据图片信息进行合理推测。

学生在教师的引导下进一步推测是谁挖了这个坑洞（课件呈现放大镜寻找，停留在兔子身上）。

提问建议：

What do you think? Can the rabbit dig the hole?

What's the rabbit's hole like? Let's have a look.

教师呈现兔子洞的图片，引导学生观察兔子洞：The rabbit's hole is very deep. They can go into the hole to protect themselves.

教师用小兔子图片做对比，提问：Is it deep enough?（明显比较浅）

教师提问：What's your idea? 学生得出结论，好像不是兔子挖的。

教师故作疑惑状：Who dug this hole? 学生推测是谁挖了坑。

教师再次呈现放大镜搜索图片，停在松鼠处，让学生学习 squirrel（松鼠）的读音。

教师提问：What do you think about the squirrel? 课件呈现松鼠在树上图片。

教师提问：There is a squirrel in the tree. It lives in the tree. But it can dig the hole near the tree. Why?

课件呈现松鼠和坑洞的放大照片，教师说：Because it can put the food into the hole.

对比之前发现的坑洞，教师提问：Was it the squirrel?（学生推测）But Tec is not sure. So he searches again. 继续播放课件，放大镜停在小姑娘那里。

提问建议：

What's your idea?

学生观察图片并发表自己的想法：The girl is digging. She is digging the sand for fun.

3. 教师引导学生认真观察图片。

学生和教师一起发现线索：Wow, there is a man. He is carrying a spade.

教师呈现男子挖坑的图片，提问：What's your idea? Was it the man?

学生大多认为是他挖了这个坑。

【设计意图】 通过人人都是大侦探的猜测活动，激发学生积极探究、积极思考并主动参与语言实践的欲望，引导学生养成观察图片获取信息的习惯，鼓励学生积极思考，发展学生的预测能力。

4. 教师与学生共同讨论男子挖坑的原因。

教师提问：Why does the man dig the hole? 对比两个洞的不同，Look at this hole, there aren't any flowers near the hole. And it is small. 学生推测案底揭秘，教师故作无能为力状，引导学生跟随 Tec 回到土坑处去观察和发现。教师说：I have no idea. Who dug this hole? Let's return and have a look! Oh, there isn't anything. So let's dig the hole again. 帮助 Tec 继续挖一挖这个坑，看看有没有什么新发现。Can you dig this hole? Let's dig. Dig, dig, dig... 学生做挖的动作，边挖边读 dig。课件慢慢呈现坑洞中的物品，教师提问：What's it? 课件中逐渐出现骨头，Wow, it's a bone. 教师提问：Who dug this hole? Why? 线索逐渐清晰，学生大声齐说：It was the dog. 引导学生说出原因：Because there is a bone in the hole.

【设计意图】 通过带动学生一起做挖坑的动作，吸引学生继续探究到底是谁挖的这个坑，培养学生积极的参与意识，并再次激发学生的兴趣，将故事情节推向高潮。

Post-reading

1. 内化语言：教师播放录音，学生打开书，认真跟读小故事。

2. 学生通过观察图片，理解故事，试着评价故事中的主人公。

教师提问：What do you think about Tec and the dog?

Tec is a ______ detective.

What a ______ dog!

3. 学生两人一组朗读对话，一人朗读，一人指图，进行图文匹配活动。

【设计意图】 通过表演故事的方式，使学生融入故事中的角色，学习语言并体会不同角色的情感，培养学生描述图片和复述故事的能力，培养合作学习的意识。

➤ **迁移创新活动—Who dug the holes?**

1. 教师呈现活动纸：Now, we know that the dog dug this hole. But there is another hole. Do you know who dug this hole? Why? 学生看图片中的坑洞，说一说是谁挖的那个坑洞以及原因。

2. 教师呈现更多的坑洞，让学生两人一组逐图充分练习表达，说一说是谁挖的那个坑洞以及原因。

3. 请学生自己画一个坑洞，让他人猜猜是谁挖的以及原因。

【设计意图】让学生根据坑中的物品猜测是谁挖的坑洞，自己思考并画一画坑洞，自己设计挖坑的人或动物，通过让其他人来猜的方式将所学语言自然地运用其中。

家庭作业

- 熟读故事。
- 让更多的同学猜猜你画的洞。

板书设计

二、案例点评

本教学设计很好地呈现了采用图片环游进行绘本阅读的过程。这是一个教学详案，很好地体现了教学的全过程，特别适合小学低年级刚开始阅读绘本的学生。图片环游其实就是一个师生的分享阅读过程，这一阅读过程与家长和孩子一起读故事的情境非常相似。在这一过程中，教师有意识地从培养学生的阅读素养入手，引导学生通过观察封面、人物、情境、标题、作者、绘者等，建构文本概念。之后，教师利用绘本图片创设情境，引出本节课学生要解决的问题，即：Who dug this hole? 教师在导入活动中，通过巧妙的提问，与学生形成互动，引导学生观察图片，基于经验进行预测，不断尝试接近解决问题的答案。这种教学方式很好地抓住学生的好奇心和注意力，激发了学生的想象和推理能力，使学生投入学习。

本节课的教学设计分为导入、读前、读中和读后四个主要环节。这些环节层层铺垫，关联紧密，教师通过巧妙的提问为学生搭建观察、思维和语言运用的支架。这一教学设计之所以成功主要取决于以下几个关键要素：一是教师对文本进行了比较深入的分析，梳理了故事的主题和情节发展主线；二是教师基于文本和学情分析，明确了三项教学目标，这三项教学目标并没有将语言知识、语言技能、思维发展等割裂开来，而是采用了由主题引领的整合关联的设计方式；三是教学活动设计也体现了整合和关联的理念，学生在观察、思考、探究和解决问题的过程中，将词汇学习和句型表达融入对主题的探究过程中；四是教师从导入到阅读故事的全过程都很好引入了学生的经验，让学生将经验与故事情境之间建立起有机的连接；五是教师在活动中注意内化环节的活动设计，确保学生能够在新的语境中运用所学语言。在最后的迁移创新活动中，教师给学生留出了思维、想象和迁移的空间。学生通过前面与教师共同发现是谁挖了这个洞的体验，再次观察和分析其他更多的坑洞，思考和分析可能是谁挖的，解释理由，使学生的想象、推理和理性表达能力得到提升。这节课很好地培养了学生的英语阅读素养，发展了学生在文本概念、语言知识、信息获取、文化感知、策略运用以及阅读流畅度等方面的能力，特别是关注学生的兴趣，很自然地将语言能力、文化品格、思维品质和学习能力的发展都融入绘本学习的过程中。

教学案例 4

Hamster on the Run
《领先阅读 · X 计划》1 级

一、教学设计

分级绘本标题	*Hamster on the Run* 《领先阅读 · X 计划》1 级
设计者	郭金勇
学生年级	小学二年级

教材分析

本课所用绘本为外语教学与研究出版社出版的《领先阅读 · X 计划》第 1 级中的一本，讲述了仓鼠 Pickles 逃跑了，主人公 Ant 在不同房间寻找仓鼠，最终在抽屉里找到仓鼠的故事。其中既有主人公寻找仓鼠的过程，又包含了人物的感情变化。所以在设计本课的时候，教师充分考虑到仓鼠逃跑和人物感情两条线索，使故事更加生动立体。

Ant

Pickles

学情分析

学生整体的语言基础薄弱，很难用英语表达自己想说的内容，但是乐于表达自己的想法。在进行阅读教学的时候，教师更重视学生思维能力的培养，启发学生思考、观察和预测，尽可能用自己所掌握的语言进行简单的表达，同时给予学生必要的引导和示范，在日常教学中不断渗透语言，学生在这个过程中不断内化和构建新的语言。

教学目标

- 学生通过观察图片情景、人物表情、仓鼠的活动来理解人物语言和故事大意。
- 通过引导学生观察图片细节，培养学生的观察能力和推理能力。
- 学生通过不断地模仿内化语言，体会人物角色的喜与悲。
- 学生能够朗读故事，并运用故事中的核心语言“...is not in here. ... is on the run.”来讲故事。
- 通过阅读该故事体会到阅读的快乐，激发学生对动物的兴趣，引导学生热爱动物。

教学过程

➤ 热身与导入

1. 学生一起唱儿歌 *My Pet*。

唱一首有关宠物的英语儿歌，为谈论宠物热身。

2. 我的宠物。

教师先介绍自己的宠物，再引出本课的宠物：仓鼠。

T: I have a pet. Guess what it is?

T: I love my pet.

T: Do you have a pet? Tell me about your pet.

【设计意图】通过谈论宠物引入本课的仓鼠，通过这样一个过程自然地使话题与学生建立联系。

3. 读前预测。

T: Here is a pet. What's this?

T: It's a hamster.

【设计意图】通过遮挡图片设疑，学生猜测是什么动物，激发学生的好奇心。

T: Where is the hamster?

T: Look at the door. Is it open?

T: What will happen?

【设计意图】提出开放性问题，引发学生思考，猜测故事情节。

绘本呈现

1. 看封面获取信息。

T: Point to the title of the book. Let's read the title.

T: Who wrote this book?

S: Alex Lane.

2. 图片环游。

Page 2 介绍角色。

T: This is Ant. What's his pet?

S: It's a hamster.

T: Hamster's name is Pickles.

Page 3 展示图片局部：笼子。

Teacher points and asks: "Look at this cage. Is Pickles here?"

S: No.

T: Pickles is not here.

T: Look at Ant's face. Is he happy? What will Ant say?

S: Pickles is not here. Where is Pickles?

教师边说边做动作，帮助学生理解短语 on the run。

【设计意图】教师引导学生关注图片细节，通过观察人物的表情，体会人物的心情，理解故事大意。**评价检测教学目标中的第1项内容。**

Pages 4–11 剧情分支，根据故事情节特点由学生自主选择故事发展的先后顺序，绘本阅读过程中以学生为主体，给学生更多的自主选择权。

T: Where is Pickles now? There are four rooms in the house, bathroom, bedroom, living room and kitchen.

教师介绍四个房间：bathroom, bedroom, living room 和 kitchen。

T: Where is Pickles? Is Pickles in the tub?

教师用一般疑问句 "Is Pickles…? " 引导学生观察和猜测仓鼠在哪儿。

T: Look, Pickles is on the run.

后面由学生继续选择仓鼠去哪个房间了，在教师教的基础上逐渐放手让学生自主学。

Page 12 观察人物表情的变化，从不高兴到高兴。

T: Look, Ant can't find Pickles. He is so sad.

T: Look at Ant now. Is he sad or happy?

S: Happy.

T: Why is he so happy?

S: He finds Pickles.

【设计意图】对比 Ant 前后的表情变化，引导学生发现剧情的转折。**评价检测教学目标中的第 2 项内容。**

3. 学生听读，内化故事。

Look and listen. 播放录音，学生边听边看。

Read the story. 学生打开书默读，内化故事。

Listen and repeat. 第二次播放录音，逐句暂停，学生跟读。

Read by yourselves. 学生自己读一遍，出声朗读或默读。

评价检测教学目标中的第 3 项内容。

4. 巩固与应用。

学生讲故事。

T: Let's tell the story.（教师先做示范）

T: Can you read the title?

S: *Hamster on the Run.*

T: Now, Pickles is not here. He is not here...（教师读人物语言，并将语言信息贴在黑板上）

【设计意图】通过板书进行看图讲故事的活动，使阅读内容再次复现。**评价检测教学目标中的第 4 项内容。**

改编新故事。

T: Now, Let's make a new story. I'm Eric. What is my pet?

S: It's Tweet-tweet.

T: Look, where is tweet-tweet now?

S1: Tweet-tweet can fly.

S2: Tweet-tweet is on the run.

T: Can you give a name of my story?

S: Tweet-tweet on the run.

【设计意图】根据故事情景创编新的故事。教师以自己的宠物为例创编故事，引导学生应用所学语言创编自己的故事。**评价检测教学目标中的第 5 项内容。**

5. 课后活动。

- You can tell the story to your parents.
- Learn more about hamsters by yourself.
- Read a story—*Our Pet Hamster.*

板书设计

学习效果评价设计

《义务教育英语课程标准》指出英语课程的评价要尽可能做到评价主体多元化，评价应反映以人为本的教育理念，突出学生的主体地位，发挥学生在评价过程中的积极作用。所以本课的学习效果评价以教师评价与生生评价相结合，学生能够熟练运用 good，very good，good job，nice work，you are flying 等基本评价用语，做展示或表演时也能熟练运用 How about me? 等寻求同学的评价。

二、案例点评

教师基于对 *Hamster on the Run* 绘本内容及学情的深入分析，确定绘本的教学目标，即：（1）通过观察图片（如情景、人物表情）理解人物语言和故事大意；（2）引导学生观察图片细节，培养学生的能力（如观察能力、推理能力）；（3）帮助学生模仿和内化语言，体会人物情感（如角色的喜与悲）；（4）引导学生运用语言；（5）通过阅读故事体会阅读的快乐，激发学生对动物的兴趣，并引导学生热爱动物。

教师围绕教学目标开展教学。以下是该教师的教学设计，请注意斜体部分：

1. 课堂伊始，教师先介绍自己的宠物，再引出本课的宠物：仓鼠。
   设计意图：通过谈论宠物引入本课的仓鼠，通过这样一个过程自然地使话题*与学生建立联系*。
2. 教师进而设疑，让学生猜测是什么动物，*激发学生的好奇心*。
3. 紧接着，教师提出开放性问题，*启发学生思考*，猜测故事情节。
4. 接下来，教师在呈现绘本、介绍角色的同时，通过图片环游，*引导学生*关注图片细节，通过观察人物的表情，体会人物的心情，理解故事大意。
5. 随即，教师根据故事情节特点*由学生自主选择*故事发展的先后顺序，并*由学生继续*选择仓鼠去哪个房间，同时观察人物表情。
6. 图片环游结束后，教师给学生听故事和默读故事的时间，*让学生*真正理解、体会故事。
7. 最后的环节是根据故事情景创编新的故事。教师以自己的宠物为例创编故事，*引导学生*应用所学语言创编自己的故事。

七个环节，大家注意到每个环节中的斜体都是赋权于学生，体现以学生为主体，给学生自主选择权。该课亮点有：（1）将动物拟人化，让学生身临其境感受动物的心理活动；（2）启发学生观察、思考和想象；（3）在课堂上发挥学生主体作用，为学生提供更多自主探究的机会；（4）鼓励学生创编故事，拓展学生思维，运用所学语言。正如郭金勇教师在《一节小学低年级英语绘本课的磨课经历》[1]一文中所说："虽然绘本的空间有限，但是学生的想象力极大地丰富了绘本内容，使故事的发展无限延伸。"

---

1 郭金勇，毛古丽，罗少茜，一节小学低年级英语绘本课的磨课经历。《中小学外语教学》（小学篇），2016 年第 01 期，61（封三）。

教学案例5

Snow Spoons
《领先阅读 · X 计划》3 级

一、教学设计

分级绘本标题	*Snow Spoons* 《领先阅读 · X 计划》3 级
设计者	李建平
学生年级	小学三年级

教材分析

故事 *Snow Spoons* 选自外语教学与研究出版社出版的《领先阅读 · X 计划》系列读物第 3 级，是“中国中小学英语分级阅读体系标准研制”国家级课题的指定用书。*Snow Spoons* 讲述的是三个小伙伴在下雪天一起玩，他们想滑雪却没有雪橇，于是他们把自己变小，利用勺子做成雪橇进行滑雪比赛，他们玩得很开心。故事情节并不复杂，但是有不少动词短语生动描写了孩子们的行为，对于三年级的孩子来说，语言上有些挑战。由于故事充满想象，孩子们会被主人公的想象力所吸引，有兴趣阅读这个故事并体验到乐趣。

学情分析

学生能够自觉学习，对英语学习有一定的兴趣，但是对绘本故事教学比较陌生，词汇量有限。三年级学生活泼好动，希望教师在讲故事的过程中多与学生互动。学生对词组的概念和学习意识比较陌生，会感觉有些困难。

教学目标与教学重难点

教学目标

- 能够借助图片、音频、文字及教师的讲解理解故事大意。
- 能在故事的语境中理解词汇及词组：went out，had a sled，snow spoons，slid down，do the biggest jump，went up and up，hit the snow with a bump，fell off，I win。
- 能尝试着用所学语言与同伴和教师讨论故事情节，进行预测。
- 能在理解的基础上初步朗读故事。

教学重点

- 能在故事的语境中理解词汇及词组。
- 能在理解的基础上初步朗读故事。

教学难点

- 故事中的词组较多。无论是意义的理解还是朗读，词组的教学都是难点。
- 故事比较长。在他们之前接触的 1 级和 2 级里，每页只有 1 句，本故事中有些页有 3 句。

教学用具

故事书，多媒体课件，故事内容图片，词卡与词条

教学过程

引入

1. 引出故事的背景。

教师出示一幅图，只出示一半，让学生猜这是哪个季节，然后出示完整的雪景图。教师提出两个问题让学生回答。

T: Do you like playing in the snow? What do you often play in the snow?

教师根据学生的回答出示图片，如果学生没有提到，教师也可以作为补充图片出示。

【设计意图】创建轻松、愉悦的课堂氛围，激发学生已有的生活经历，扩展学生的视野，调动学生参与课堂的积极性。

2. 预测故事内容。

教师介绍故事的三个主人公 Cat, Max and Tiger，在介绍中引出 "They opened the door, and went out." 这句话。教师打开教室的门，走出去，帮助学生了解 went out 的意义。接着教师将故事中三个主要人物贴在雪景图上，提出一个预测问题。

T: The three friends went out in the snow. And they wanted to have some fun. But what were they going to play?

听一听学生的猜测后，教师出示 Tiger 想法的小图，引出 "Tiger wanted to go sledding." 这一句，同时出示多个雪橇图，重复 sled 这个词。

T: Do you know this one? This is a sled. This is also a sled.

教师再出示滑雪橇的图片，在情境中重复 go sledding 这个短语。

T: Sledding is really interesting. Have you ever gone sledding before? It seems like exciting, we can have a try next winter.

【设计意图】首先是帮助孩子们理解 went out 的意义，本故事用过去时态讲述，有些词需要通过动作、图片等去理解意义。其次教师出示多张图片帮助学生了解 sled 是怎样一种器具，避免孩子由于不了解而导致在语言学习时产生误解。

3. 继续预测，激发读书欲望。

教师引导学生读“I wish I had a sled.”这句话并将句子条贴在 Tiger 图旁边，请学生预测他们会怎么办。听学生预测后，教师出示 Max 拿勺子的图片，与此同时教师出示真的勺子，帮助学生理解 spoon。教师指出勺子太小，不能滑雪，并一边说，一边把勺子放在自己的屁股下面，表示不可能用它来滑雪。学生猜出主人公可以变小，教师出示他们变小的图，贴在刚才的雪景图下面。

教师再次提出问题：They became small, then what would they do? 学生回答主人公将进行滑雪比赛,教师将他们要比赛的雪景图贴在黑板上，同时带出新的短语 sat on，出示 sat on 的词条，贴在图的旁边。

教师继续提问：Who would be the first one? Who would be the second one? The third one? Why? 学生结伴讨论，然后说一说。

教师并不给出答案，第三次抛出问题：Did they have fun in the snow?

T: Look at Tiger's and Cat's faces, how did they feel? What could be happened?

T: Something wrong with Max? Look at Max. He was excited.

T: What happened indeed?

【设计意图】培养学生仔细观察图片，根据图片中的细节，大胆预测。通过观察，成功预测故事的发展，在学生已有知识的基础上敢于使用所学语言勇敢猜测并培养学生的英语思维能力。通过故事中的冲突事件图片，引发学生对故事的兴趣，激发他们对阅读的渴望。

➤ 理解与学习

1. 学生自读故事。

第一遍读故事，从书中找故事结尾。

第二遍学生通过 PPT，听故事，并思考为什么 Cat 和 Tiger 很害怕而 Max 很兴奋。

第三遍听故事，学生用铅笔标出表示 Max 动作的词或词组。

2. 教师与学生一起讲故事。

教师出示故事中的图片，与学生一起讲故事、表演故事，并在讲故事的过程中通过板书帮助学生理解故事大意，理解生词或词组的意义，熟悉它们的读音。

T: They had been ready for sledding. Who went sledding first? Tiger slid down the hill, and he did a big jump.

教师用图片在大雪景图中做出他滑雪的样子，并用笔画出他 jump 的弧线图。

T: Who was the next one? It was Cat's turn. Cat slid down the hill, too. And she did a bigger jump.

教师用图片在大雪景图中做出她滑雪的样子，并用笔在 Tiger 的弧线图上画出 a bigger jump 的弧线图。

T: Here comes Max. What did Max want? Could Max go sledding very well? And could he do a big jump? Sat on the spoon? No! Max stood on the spoon, and slid down the hill.

教师出示 stood on 和 slid down 词条，贴在图的旁边，再让学生看看他们刚才在书上标的是否正确。教师带领学生们将书立起来，用手指从书面上做滑的动作，边做边说词组 slid down。

T: Max went up and up. Wow, he did the biggest jump.

教师出示 went up and up 词条，贴在图的旁边，再让孩子们看看他们刚才在书上标的是否正确。教师带领学生用手势比画出 went up and up，边做动作，边说词组。

T: He hit the snow with a bump.

教师出示 hit the snow 词条，贴在图的旁边，再让孩子们看看他们刚才在书上标的是否正确。

教师用笔在 Tiger 和 Cat 跳的弧线图上画出 Max 的 the biggest jump 弧线图。

T: Oops! After hitting the snow, Max fell off his spoon and he fell into the bump. Splat.

教师出示 fell off 词条，贴在图的旁边，再让学生看看他们刚才在书上标的是否正确。教师带学生做动作表示 fell off，边做动作，边说词组。

T: He must have eaten some snow. Was the snow delicious? Did he hurt his legs or arms? Was he sad? Did he cry? No! How did he feel? Why?

T: Max was excited. He did the biggest jump and he was Number 1. So he said: "I win!"

T: What about Cat and Tiger? They also wanted to do the biggest jump. So they had another turn.

3. 学生听音频，跟读故事。

【设计意图】通过教师在黑板上摆放图片和图片中使用的语言，帮助学生在听音、会意的基础上学会语言材料的发音，并通过发音加深对语言材料的理解和对文本的理解和记忆，巩固情景所对应的语言，并帮助学生在头脑中积攒真实的情景表达。当他们在现实中碰到看过的类似情景时，脑子能很快搜索出对应的完整的英文表达，用英文思维，为自然输出做准备。

阅读分享

1. 同伴读故事。
2. 请学生读一读故事，与大家分享。

【设计意图】最后通过对故事的再次阅读，加深对故事及语言的记忆。

家庭作业

熟读故事。

板书设计

二、案例点评

本课为绘本故事*Snow Spoons*的教学设计，授课对象为一所师资相对薄弱的学校的学生。但该校教师渴望改革，勇于创新，大胆将绘本故事引入英语课堂，并且认真对待每个故事的教学设计，努力给孩子们营造出讲故事的教学氛围，让孩子们体验到故事的魅力。在本教学设计中，教师精心准备了故事的背景图、人物图片、词卡词条等。在教学中，教师充分注意在语境中教语言、用语言，无论是开始引入故事，还是中间读故事，以及最后师生共同讲故事，该故事中的生词和短语都是在师生互动中带出来的，显得非常自然，当堂的复现率也非常高。这种语言的处理方式，不会让学生有压力感，还能让他们在读故事的过程中自然而然地理解了新的语言。此外，教师带领学生边讲边表演的方式也非常适合中低年级的学生。当学生成为故事的一部分，英语课堂就不再是语言学习的课堂，而是一个全新、有趣的世界，教师则是打开这个世界的钥匙。

教学案例 6

Ant's Bug Adventure
《领先阅读 · X 计划》4 级

一、教学设计

分级绘本标题	*Ant's Bug Adventure* 《领先阅读 · X 计划》4 级
设计者	许祎玮
学生年级	小学三年级

教材分析

本课为阅读教学课，教学内容选自外语教学与研究出版社出版的《领先阅读 · X 计划》4 级。本套阅读教材是全国教育科学“十二五”规划 2011 年度教育部重点课题“中国中小学生英语分级阅读体系标准研制”的配套实验教材。教材以《义务教育英语课程标准（2011 年版）》的理念为指导，以英语阅读能力标准为出发点，旨在通过引人入胜的阅读内容激发学生的学习兴趣，促使他们养成自主阅读的习惯，为以后展开深入、系统的英语阅读奠定良好的基础。

第 4 级中的六篇故事有两个教学主题。本册隶属于主题 Bugs。本故事是学生首次学习该话题的内容。本册为一个独立故事，故事的题目为 *Ant's Bug Adventure*。故事主要讲述了 Ant 用魔法手表变小后，在一块中空的木头中发现虫子的冒险故事。通过阅读故事，可以启发学生求知欲，激励学生注意观察，勇于探索，使学生获得个性化的阅读体验。在阅读过程中，学生也将学习一些重点词汇、语言点及语音知识。

前三个级别的每个故事是用两课时教学。第 1 课时主要帮助学生理解故事和初步朗读故事；第 2 课时复习并学习故事中的语音知识，并结合故事内容进行练习和扩展活动。本级中每个故事的教学时间是 1 课时，需要精简教学活动，帮助学生更有效地学习。

学情分析

» 认知基础

本课教学对象为三年级学生。他们从一年级开始学习英语，具备一定的英语听说能力，可以初步用英语表达自己的简单看法和听懂教师的指令及简单的课堂用语，对英语有兴趣，乐于参与课堂活动，可以在教师的指导下做简单的小组或同伴活动。

授课班级为课题研究的实验班。学生从二年级第 1 学期开始每周学习一次《领先阅读 · X 计划》阅读课的内容。通过一年半的学习，学生具备一定的文本意识，阅读习惯在逐步养成中。通过阅读，他们在认读能力、词汇量和语音知识等方面与对照班相比都有一定提升。

在阅读教学中，学生以往学习故事主要采取图片环游（教师逐图给出核心问题引导学生思考，帮助学生理解故事）的形式学习，学生已经熟悉这一教学方式，并能够通过这项训练关注故事中的图片内容。由于本级中每篇故事的教学时间由 2 课时减少到 1 课时，教师可以对通过学生自己观察图片理解故事的情节略讲，将教学重点放在学生普遍理解有困难的部分。

从语言储备上来说，故事同第 3 级相似，都是以过去时态叙述，学生能够在图片和教师帮助下理解和初步朗读。此外，学生在以往的学习中没有接触过 Bugs 这一话题，故事中有一些和虫类有关的词汇等，需要教师帮助学生学习和理解。此外，题目 *Ant's Bug Adventure* 比较抽象，教师可以引导学生通过想象揣摩主人公的心理变化，让学生了解 adventure 的含义。

» 生活经验

就本课故事来说，我校学生大多在城市中长大，生活中接触虫子的机会并不多，对故事中出现的一些虫类很陌生，这可能会对故事的一些细节理解有困难（如发现虫子的地点、虫子的特性等）。教师需要通过各种直观手段，使学生了解与虫类有关的简单常识，以帮助学生理解故事。

教学目标及教学重难点

教学目标

学生在本节课结束时，能够：

- 在图片的帮助下，理解故事大意，初步复述故事主要情节。
- 在故事图片的帮助下理解并认读重点词汇 / 词组在语境中的意义：bored，picked up，take a photo，ran at，hollow log，stag beetle。
- 运用所学元音字母的发音规律，尝试朗读有关昆虫类的新词。
- 在阅读故事的过程中认真倾听，大胆表达自己的看法。

教学重点和难点

教学重点：

- 理解故事大意及初步复述故事。
- 理解、认读重点词汇 / 词组。

教学难点：

初步复述故事。

教学用具

课件，词卡，故事书，录像片，音频

教学过程

Stage 1 Warming-up and Leading-in

1. Greeting.

T: Good morning, boys and girls. Today I have brought some friends with me. Would you like to meet them? Let's watch a video to find out.

2. Video time—meet new friends.

教师播放介绍昆虫的录像片，学生观看录像并尝试回答以下问题：

Who are my friends? Do you know their names? (pay attention to the vowels)

What do you think of these bugs? (scary, creepy, ugly, cute, beautiful...)

Where can we find them? (in the grass, under the grass...)

T: Today we are going to read a story about bugs. I hope you will know more about bugs after reading the story.

在学生回答昆虫名称时，教师出示昆虫图片及英文单词，用不同颜色标注元音字母在开闭音节中的不同发音，引导学生观察并尝试读出单词。

【设计意图】通过欣赏视频，帮助学生熟悉话题，激发学生的阅读兴趣。用不同颜色区分昆虫单词中元音字母的不同发音，引发学生对字母发音的注意，提高语音敏感性，为学生提供运用语音知识的机会。

Stage 2 Pre-reading

1. 阅读封面信息，认识故事主角。

T: Today we are going to read a story about bugs. Would you like to read it? Who can read the cover page?

T: This is the cover page of the story. What's the name of the story?

T: What's the Chinese name?

T: Who wrote the story? ... painted the pictures for the story, so he is called the illustrator.

T: What do you think of an adventure?

T: How is *Ant's Bug Adventure*? Is it ...? Let's read it.

T: Ant's adventure is about a stag beetle. What does it look like? What does it have?

学生尝试读出故事的题目、作者、绘者并简单描述封面的图画信息。教师在黑板上写出故事题目。

【设计意图】通过自主朗读封面，继续培养学生正确获取封面信息的能力，提高文本意识。

2. 预测故事（同伴活动）。

T: What will happen among the three characters?

T: I think Ant and his father will catch a bug together. How about you?

教师引导学生根据封面及人物页信息预测故事情节，教师可以根据学生水平适当给出范例。学生根据问题和范例思考，同伴进行交流。讨论后，教师邀请 2—3 名学生谈论自己的看法。

【设计意图】通过读前预测，进一步激发学生的阅读兴趣。

Stage 3 While-reading

1. Read together.（图片环游）

教师朗读故事，其中穿插问题引发学生的思考与交流，同时处理新词汇，形成板书。

Questions to students:

page 4 What did Dad do? What did Ant say? How did he feel?

教师用图片帮助学生理解 bored，并在黑板上写出词汇。

Look at this picture. Who is bored? The woman is bored. She is not interested in what the man is talking about. When you feel bored, what will you do?

如果学生有困难，教师示范和引导：When I'm bored, I will listen to music.

page 5 Let's go back to the story. Who was bored? What would he do?

What did he see? How did Ant feel when he saw the hollow log ?
用图片和教具帮助学生理解 hollow log 的含义。Why was he excited? Who lived inside?
板书：excited

page 6	What did he see from outside? Why couldn't he see anything? What did Ant want to do?
page 7	If you were Ant, would you dare to go into the log? Would he go into the log?
page 8	How did Ant feel? 板书：excited Mime the sound: "Cool!" Even more excited.
page 9	Why did the log shake when the stag beetle appeared? How did Ant feel when the beetle appeared? 板书：scared
page 12	What did Ant want to do when he saw the stag beetle? How did the beetle feel when it saw the flash?
page 13	What did Ant do? What did the beetle do? Who ran faster? (The beetle is closer and closer.) If the beetle catches Ant, what will happen? Did the beetle catch Ant?
page 14	How did Ant get out from the log?
page 15	How did Ant feel? 板书：great

【设计意图】通过教师的提问，引导学生对故事进行更深刻的思考，不仅要关注故事内容，更要关注主人公起伏不定的心理变化，帮助学生更深刻地理解 adventure 的含义，促进对故事更深层次的理解。

2. Wrap-up.（重温故事情节）

教师引导学生根据板书，尝试在教师的提示下简单讲述故事的主要内容。

【设计意图】图片环游帮助学生在理解故事的基础上，建立对故事的整体印象。

3. Talk the feeling about the story.（浅谈感受）

教师引导学生梳理自己的阅读体验。T: What do you think of the story?

4. Students read the story.（自主阅读故事）

学生自主阅读故事，关注自己感兴趣的细节。

【设计意图】在师生阅读之后，为学生提供自主阅读的机会，尊重学生的阅读风格和个性化的兴趣点，使学生能够在自主阅读的过程中进一步从自身的角度理解和诠释故事。

Stage 4 Post-reading

1. Read and match.（小组分层活动）

Ant's Bug Adventure——Worksheet (A)

Read and Match.

例: 9

1. He saw a hollow log.
2. He saw a stag beetle in the hollow log.
3. He pushed the button.
4. Ant jumped out from a small hole.
5. He took a photo with his watch.
6. The stag beetle ran at Ant.
7. He pushed the button again(再一次).
8. Ant picked up the stag beetle. It was not scary now.
9. Ant was bored.

Ant's Bug Adventure——Worksheet (B)

Read and Match.

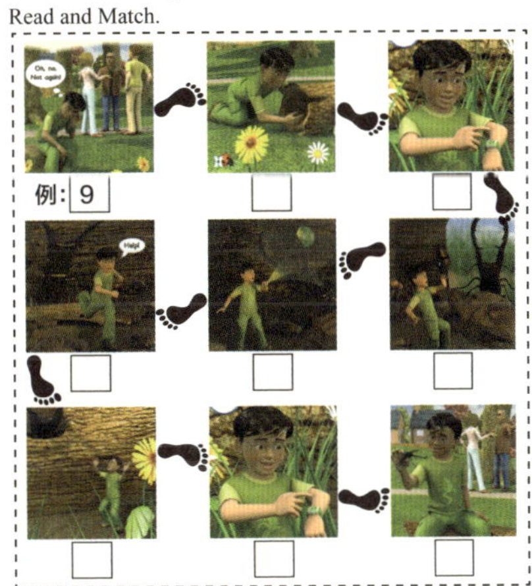

1. He saw a hollow log.
2. He saw a stag beetle in the hollow log.
3. He pushed the button.
4. Ant jumped out from a small hole.
5. ?
6. The stag beetle ran at Ant.
7. He pushed the button again(再一次).
8. Ant picked up the stag beetle. It was not scary now.
9. Ant was bored.

学生 6 人一组，语言水平相当的学生分在一组。教师为学生提供不同的分层任务。

第一组：图片与句子匹配。

第二、三、四组：图片与句子匹配。句子中有一句话不给出（三组中缺失的句子不相同），在做好匹配后，本组学生尝试用自己的语言描述没有匹配句子的这张图片。

2. Check the answer.（检查答案）

【设计意图】通过图句匹配活动检测学生的认读情况和对关键词句的理解，帮助学生进一步整体理解故事。分层任务的设计使活动更有挑战性，能力较强的学生也有机会自由运用语言表达，力求使各个层次的学生都在自己的最近发展区得到最大程度的发展。

Stage 5 Summary and Homework

1. Make a summary.（本课小结）

教师引导学生根据板书回忆绘本故事并总结本课。

2. Assign the homework.（布置作业）

- Tell the story to your parents.
- Finish your *Bug Adventure*（见作业纸）.

【设计意图】通过课后作业使学习活动进一步延伸，发展学生的思维和创造力。

板书设计

二、案例点评

本案例是《领先阅读·X计划》第4级的绘本故事。这个故事中充满奇幻和冒险，对于小学生来说，有利于激发兴趣和想象力。但是，故事中有关昆虫的名称词汇都比较陌生，情节也颇为曲折，如何讲好这个故事并抓住学生的注意力非常重要。教师在对文本做了分析的基础上，根据学情设计了本课的教学目标。教学目标既关注了学生对故事的整理、理解和复述，也关注了语言知识学习和学习习惯的养成。

该课的故事学习是从认识新朋友的话题引入的，教师让学生带着好奇心进入课堂，通过观看昆虫的录像片认识了不同的昆虫朋友。再由昆虫导入故事主题，看看主人公与昆虫之间发生了什么。

在初次认识一些新词汇的时候，教师启发学生根据拼读规则，仔细观察，用不同颜色标注英文单词中的元音字母，尝试根据读音规则读出单词。

在此基础上，教师引导学生认读故事的题目、作者、绘者，并简单描述封面的图画信息，培养学生的文本概念。教师进一步启发学生观察封面主题图，预测故事可能发生的情节，教师适时提供范例做好支架，邀请学生说出自己的想法。

然后，师生进入图片环游的故事学习。教师运用一系列启发性的问题，引导学生思考和发表个人见解，并抓住时机处理新词汇，同时在板书上构建故事情节的发展流程图。特别难能可贵的是，教师通过层层递进、富有启发性的提问，引导学生对故事进行发散性思考，并不时地迁移到学生的实际生活中，启发学生与自己对话，与故事主人公对话，使学生不仅关注故事内容，还特别关注主人公起伏不定的心理变化，帮助学生深刻地理解 adventure 的含义和感受。教师让学生自主阅读故事并表达对这个故事的感受。

最后，教师通过展现以图片引导的故事情节，带领学生回顾故事，邀请学生运用所学语言与教师一起完整讲述这个故事，并通过图文匹配的方式检测了学生对故事的理解。本课的作业是将课堂所学内容与课外学习有机结合，除了给父母讲故事，学生还要和父母去观察昆虫，把发现的昆虫画出来，创编一个自己的故事。

整节课非常完整、自然，既有教师的有效引导，又凸显了开放性和生成性。课堂无时无刻不充满了启发性和思维的交织，可以说，教师通过精心的教学设计和一系列巧妙的设问，将语言与思维、知识与情趣有机地融为了一体。

教学案例 7

The Race
《领先阅读 · X 计划》4 级

一、教学设计

分级绘本标题	*The Race* 《领先阅读 · X 计划》4 级
设计者	朱晓媛
学生年级	小学五年级

教材分析

故事 *The Race* 选自外语教学与研究出版社出版的《领先阅读 · X 计划》系列读物的第 4 级，是国家级课题“中国中小学英语分级阅读体系标准研制”指定用书。故事讲述了变小后的 Tiger 驾驶 micro-buggy 和骑着蜗牛的 Cat 竞速比赛。最终，“slow and steady”的 Cat 赢得了轻敌的 Tiger。*The Race* 与《龟兔赛跑》的故事情节比较类似，学生应该是比较熟悉的，经过思考也能悟出故事讲述的道理。

学情分析

本课的教学对象是五年级学生，他们具备了一定的英语基础和较强的学习能力，思维比较活跃，对龟兔赛跑的故事非常熟悉。该故事对于学生而言并不难。如何帮助学生抓住故事主线，在多层次、多角度、开放性、有思维性的问题驱动下展开对比、猜测等活动，引导学生体验感知故事情节，不断通过故事文本展开互动和对话是教学的挑战。学生的批判性思维能力不够，需要通过对文本进行更深层次地分析、探究、反思、质疑、分析和评价。

教学目标与教学重难点

教学目标

- 能够读懂配图故事，说出其大意，如人物、事件、故事的情节发展。
- 能够通过谈论故事封面、预测故事等活动发展简单的阅读技能。
- 能够通过揣测主人公心理，表达对故事的不同看法，逐渐养成爱思考、敢质疑的思维习惯。
- 通过创编故事等活动展开想象，感受故事学习的乐趣。

教学重点

- 能够读懂并理解故事大意。
- 能够在图片的引导下用自己的语言预测故事的发展。

教学难点

- 能够在理解故事的基础上，用自己的语言对故事进行预测，对主人公内心活动进行揣测，以及对故事提出自己的评价和看法。
- 在限定故事开始和结局的条件下改编故事。

教学用具

故事书，多媒体课件，故事内容图片，词卡

教学过程

Stage 1 Pre-story Activities

1. Greetings.

2. Watch a video about race.

视频导入，激发学生兴趣并引入 race 的话题。

3. Talk about the front cover of the book.

Students look at the front cover of the book, and try to find out some information about the story, such as the title, the writer, the main characters.

引导学生观察，谈论封面信息，培养读故事书的习惯和简单技能。

4. Think and discuss.

就比赛的结果展开猜测和讨论，激发学生想象力，并激起学生对故事文本的兴趣。

Stage 2 While-story Activities

1. First reading.

Students examine the pictures and try to find out who won the race in the end.

初步阅读故事文本了解故事大意，揭开比赛悬念。

2. Second reading.

Students read and discover the details about the race by finishing the task: read and stick.

• What did Cat do?

• What did Tiger do?

再次阅读，关注细节，以两个主人公 Cat 和 Tiger 为线索梳理故事中比赛各阶段的脉络。

3. Listen and read the story again.

Students review the whole story and try to imply what Cat thought before, during, after the race.

整体回顾，欣赏故事，加深理解，感知并体会 Cat 在比赛各阶段的心情和想法。

Stage 3 After-story Activities

1. Comment the story.

Students suggest answers to the following questions:

• Why did Cat choose the snail to race?

• Is there anything you don't agree with in the story?

在理解故事的基础上，引导学生尝试用已知语言深入思考并对故事进行评价，表达自己的观点，养成爱思考、敢质疑的思维习惯。

2. Make a new story—*The Race*.

Students make a new story with the original beginning and ending.

学生在限定的情节下新编故事，插上想象的翅膀，让思维再次活跃。

家庭作业

1. 熟读故事。

2. 完成自己创编的故事。

二、案例点评

本课依据绘本故事 *The Race* 进行教学设计。该故事情节比较简单，难度也不大。如何激发学生的兴趣，在一个不够有新意的故事中让孩子体验到不一样的阅读乐趣成为教师最大的挑战。应对这一困难的策略就是让学生多角度、多层次地去读文本。本节课共有三次读故事环节，学生先讨论并预测 Cat 会用什么交通工具来参赛以及比赛结果等，之后他们带着迫切的心情开始读并寻求答案。第二次细节阅读要求学生理解两位主人公的所作所为。第三次读则是为学生插上想象的翅膀，让他们想象主人公在比赛不同阶段的所思所想。这样，学生在每一次读的过程中都有不同的目的、任务以及不同的侧重和关注点。学生带着好奇和任务多次阅读文本，也为摄取语言创造了机会。此外，教师根据高年级学生的特点，培养他们的质疑能力。本节课上教师带领学生们思考"Why did Cat choose the snail to race?"，让学生去分析这种行为的合理性。然后还让学生就故事是否有不合理之处提出自己的见解。教学的最后一个环节是给学生限定了故事的开头和结尾，让学生编一个新的故事。这一活动为学生设置了一定的挑战，也让简单的故事有了不一样的学习体验。创编一个合理、有趣的故事为学生以后的发展奠定了良好的开端。

本教学设计基于故事，但不拘泥于故事，针对高年级学生的语言基础较好、思维活跃等特点，从对文本的深层次阅读、理解、品味，到质疑故事，读出自己的感受，再到编出自己的故事，学生在教师的引领下，一步一步走入故事，突破自我，享受到了阅读的乐趣，培养了思维品质。

教学案例8

The Race
《领先阅读·X计划》4级

一、教学设计

分级绘本标题	*The Race*《领先阅读·X计划》4级
设计者	闫萍
学生年级	小学五年级

指导思想与理论依据

《义务教育英语课程标准（2011版）》在课程总体目标描述部分以及分项语言技能目标描述中都提到了小学生要“能听懂和读懂简单的小故事，能在教师的帮助下讲述简单的小故事”等。从这些描述中不难看出，借助故事学习英语是小学英语教学中较为重要的内容。故事作为一种有情景、有人物、有情节、较为真实的语言材料，有利于发展学生的人文素养，有利于培养学生的阅读技能，有利于发展学生的语言思维能力。

本课是一节校本阅读课程。相较于课内的故事教学，校本阅读课不承担过多的语言知识学习任务，能有更多的时间围绕讲故事、读故事的教学活动发展学生的情感态度价值观，培养和发展学生的阅读技能和语言思维能力。基于以上理论基础，本节课教师通过引导学生参与预测故事、观察封面、图片环游讲故事、学生自读故事、分角色为故事人物加油等环节，力图体现对以上理念的理解和落实。

教材分析

《领先阅读 · X 计划》是全国重点课题“中国中小学生英语分级阅读体系标准研制”的配套实验教材。教材引进自英国牛津大学出版社，故事主题丰富多样，语言地道纯正。教材围绕着 Tiger, Cat, Max, Ant 等几个小朋友得到了可以让他们变小的神奇手表展开，呈现了一系列变小了的孩子们所经历的冒险故事，情节生动有趣，同时包含了丰富的百科知识，为孩子们所喜爱。

本课的故事是《领先阅读 · X 计划》4 级的第一个故事。在 *The Race* 故事中，Tiger 和 Cat 利用手表变小，展开了一场蜗牛与小车之间的特殊比赛，最终坚持比赛的 Cat 和她的蜗牛获得了胜利，在比赛过程中三心二意且过于自信的 Tiger 输掉了比赛。故事以 *The Race* 作为题目，但并不是以成败论英雄，而是借助故事情景引导学生体会坚持做一件事就是成功。整个故事情节生动有趣，寓意深邃，同时在情景中自然地呈现了 What a joke! shot off like a rocket, sat with a happy grin 等地道的英语表达。故事中出现的词汇和句型认读不是学习的重点，读懂故事是学习的重点。本节课出现了较多的词汇，如 buggy, joke。词汇含义的理解是学生的学习难点。

学情分析

在本课学习前，教师设计了前测题目，从学生的兴趣、学习策略、知识背景等几个方面了解学生的现有情况。前测题目如下：

1. 你是否喜欢 X 计划系列的故事。

   非常喜欢　喜欢　一般　不喜欢

   如果喜欢，原因是：________________________

   如果不喜欢，原因是：______________________

2. 你是否能根据题目猜测故事情节。

能　不能

3. 你是否能从封面中寻找故事相关信息。

能　不能

4. 你是否喜欢和教师一起观察图片讲故事。

非常喜欢　喜欢　一般　不喜欢

5. 你是否参加过比赛，如：跑步比赛、游泳比赛等。如果参加过，结果如何？感受如何？

是　否

6. 你是否阅读过龟兔赛跑的故事（包括中文故事）。如果阅读过，通过龟兔赛跑的故事你明白了怎样的道理？

是　否

本课的教学对象是我校五年级 3 班的学生，25 名学生参与，前测结果如下：

（1）90.6% 的学生喜欢阅读 X 计划的故事，其中 81.1% 的学生非常喜欢，主要原因是故事中的人物可变小，学生喜欢探险。不喜欢的学生有 8%，主要原因是有不认识的单词。可见通过一年多校本阅读课程的学习，学生非常喜欢《领先阅读 · X 计划》的故事。学生对于故事中 4 个小主人公的探险故事充满了好奇和学习兴趣。

（2）88% 的学生表示能结合题目预测故事，92% 的学生能通过封面寻找信息，84% 的学生喜欢和教师一起观察图片讲故事。通过以上数据分析，可见学生初步养成了一定的阅读策略和阅读技能，能在教师的指导下师生互动，学习故事。

（3）100% 的同学表示参加过比赛，较多的同学在体育课和运动会上参加过跑步比赛。很多学生提到了获胜、兴奋和疲劳，可见学生对这一话题不陌生。学生对于话题的意义以及话题的相关语言结构有所了解，有利于师生互动学习故事。

（4）100% 的同学表示阅读过龟兔赛跑的故事，很多同学提到不能像兔子一样过分的骄傲，要像乌龟一样，坚持就是胜利。可见学生对于本课故事含义的理解并不困难，可以借助阅读过的中文故事突破英文词意，理解难点。

教学方式

观察预测，图片环游，学生阅读故事。

教学用具

多媒体视频，自制课件，配套音频，蜗牛和玩具车模型，板书示意图文卡片

教学目标

- 能够理解配图小故事，理解其大意，如主要人物、事件、故事的情节发展等，并感受故事阅读的乐趣。
- 通过看故事封面、看图预测故事、推测故事大意等活动发展简单的阅读技能。
- 能够尝试评价故事并表达观点。
- 通过故事学习，认识到坚持做一件事就是胜利这样一种价值观。

教学重点

能够读懂并理解故事大意。

教学难点

理解部分词汇，如 joke，shot off like a rocket，a happy grin 等词汇；对故事中获胜的秘诀“slow and steady”的理解。

教学过程

Stage 1 Before the Story

1. Know buggies.

教师呈现 car race 的图片，学生了解 car race。然后教师呈现 buggy race 的视频，帮助学生认识 buggy 是一种特别的小车。

（1）Car race.

T: OK, class begins. Good morning, boys and girls.

S: Good morning, Miss Yan.

T: First, let's enjoy some pictures.（呈现 car race 图片）

What are the pictures about?

S: A car race.

T: Is it exciting?

（2）Buggy race.

T: Look at this. Is it a car race?（播放 buggy race 视频）

Yes, there are some special cars in the race.

T: How do we call the race? Do you know?

S: Buggy race.

（3）A buggy.

T: A buggy is a kind of a car. But it is very different.

Look at the buggy and the car, can you find any difference?

S: It has no doors. It has no roofs. And it is a small car. We call it buggy.

【设计意图】通过观看图片和视频引出 buggy 这种特殊的小车，引导学生观察并描述 buggy 的样子，加深学生对词意的理解，突破词意理解的难点。

2. Talk about the running race.

教师和学生谈论 running race 话题，了解学生参与比赛的感受，获得胜利的秘诀。

T: Car race, buggy race, what other kind of races do you know?

S: Horse race, bicycle race, running race...

T: Our school had a school sports day in October. Did you enter the running race? How did you feel in the running race? Talk with your partner, please.

学生讨论，根据前测预设学生答案。

S1: I felt excited.

T: Who felt excited in the running race?

T: To enter a running face. You can find lots of fun.

S2: I felt tired.

T: Who felt tired in the running race? Hands up.

T: When you felt tired, did you stop running?

S2: No, I didn't.

T: Great! Keep going on, never give up, you are the best!

T: Who won the running race? What was your secret? Why can you win the running race?

S3: I run very fast in the race.

T: Run fast, keep going on, you will be the winner.

【设计意图】引出 race 话题，激活学生曾经参与比赛的感受和经历，为后面故事学习进行铺垫，同时渗透坚持就是胜利的价值观。

Stage 2 Learn the Story

1. Predict the story.

(1) What do you want to know?

在学习故事前，引导学生围绕题目提出自己想知道的问题。

T: Today, we will learn a new story about a special race. The title of the story is *The Race*. What do you want to know about the story?

学生同伴讨论。

S: What kind of race is it? Who was in the race? Who won...? Why?（教师在黑板上写出学生的问题）

【设计意图】故事阅读前让学生提出自己感兴趣的问题，引起学生的阅读兴趣，为展开阅读做好知识和心理准备。

(2) Look at the cover page.

引导学生观察，谈论封面内容，获得关于故事的更多信息。

T: Now, please look at the cover page. Maybe it can help you to find out the answers.

学生自己阅读封面，尝试寻找信息解决问题。

T: What do you know about the story? Who is in the race?

S: Cat and Tiger.

T: What kind of race is it? Is it a running race?

S: No.

T: What did Cat ride?

S: A snail.

T: How can a snail move, fast or slow?

S: Slow.

T: What did Tiger drive?

S: A buggy.

T: A race between a snail and a buggy. It should be very interesting. Shall we begin our reading?

【设计意图】引导学生结合题目提出问题，自己阅读封面寻找关键信息，渗透阅读策略。

（3）Guess the result of the race.

T: The race was between Cat's snail and Tiger's micro-buggy.
Who won the race? What do you think about it?

S1: Cat won the race. Because the snail is large and strong. (Maybe Tiger's buggy was broken in the race.)

S2: Tiger won the race. Because it can run fast.

根据学生的猜测将班级分为两部分，一部分为 Cat 和蜗牛的支持者，另一部分为 Tiger 和玩具车的支持者。

T: Who thinks Cat won the race? Sit here. Who thinks Tiger won the race? Sit there. You can cheer up for Tiger or Cat. Let's do a match between Cat's friend and Tiger's friend.

【设计意图】教师将支持 Cat 和 Tiger 的学生分成两组，通过一个对抗赛的方式引导学生真正进入故事角色，体验、预测故事情节的发展。

2. About the story.

（1）Before the race.

教师引导学生把自己想象成 Tiger 和 Cat，走入故事，描述自己变小之后分别拥有了什么。

T: Now, let's begin our reading. It was a sunny day. Tiger and Cat were free.
What did they do?

教师播放第 2 页文字。

T: Did they want to become small or big?

S: Small.

T: They wanted to become small so they could play.

T: Do you want to be Cat or Tiger? Do you want to become small? Think about you all have a magic watch. Push the buttons, please.（学生一起表演变小）

T: Now, you were Tiger. What did you have?

S: A buggy.

教师播放第 3 页文字。

T: The buggy was very very small. We call it micro-buggy.
Do you remember this story? Can you read the title?

教师出示《姜饼小人》一课的题目，帮助学生试读单词。

T: Tiger, how did you feel?

S: I felt very excited.

教师呈现第 4 页图片。

T: Tiger had a fast micro-buggy. What did you have, Cat?

S: I had a snail.

T: Yes, but the snail was very slow. Cat, do you want to ride on a snail? How can you ride on a snail? What's your idea?

S: Use the rope.

教师播放第 4 页文字，呈现第 5 页图片。

【设计意图】引导学生把自己想象成 Cat 和 Tiger，真正把学生带入故事情景。

教师引导学生猜测比赛的结果并说出原因。

T: The race was between Cat's snail and Tiger's micro-buggy.
Who would win the race? What do you think about it?

预设：

S1: I think Tiger would win the race. Because the buggy was fast. The snail was slow.

S2: I don't think so. I think Cat would win the race. Maybe it was broken in the race.

S3: I think Cat would win the race. Maybe Tiger slept in the race (just like the rabbit in the story *The Tortoise and the Rabbit*).

根据学生的猜测将班级分为两组，一组为 Cat 和蜗牛的支持者，另一组为 Tiger 和 micro-buggy 的支持者。

T: You all had your ideas. Do you want to cheer for Tiger and Cat? If you thought Tiger would win, you can cheer for Tiger. Sit here. If you thought Cat would win, you can cheer for Cat. Sit there. Are you clear?

【设计意图】教师将支持 Cat 和 Tiger 的学生分成两组，通过分别支持 Cat 和 Tiger, 引导学生真正进入故事角色，体验故事，进行表达。

呈现图片，教师引导学生预测 Tiger 对 Cat 说的话。

T: Cat used the rope so she could ride on the snail. Tiger looked and saw Cat playing. What did he think about riding on a snail? What did he say to Cat?

从 Tiger's friend 一组中选出学生回达，播放"A snail to ride on, what a joke!"。

T: A snail to ride on. Are you kidding?

通过替换词的方式帮助学生理解 joke 的含义。

教师呈现更多的假设，请学生用"What a joke!"进行反馈。

T: A snail can run faster than a plane. What's your idea?

S: A snail can run faster than a rocket.

【设计意图】通过熟词替换、新语境运用等方式突破"What a joke!"难点。

教师呈现 6—7 页的图，听 Tiger 对 Cat 说的话，获取关键信息。

T: Tiger thought his buggy was very fast, he said to Cat…

播放句子：This micro-buggy is so fast. You will only see my smoke.

T: A smoke of the buggy. Tiger thought Cat would fall behind his buggy. Tiger was sure he would win the race.

T: What was the finish line of the race?

播放句子：Race to the tree.

S: Tree.

和学生谈论，帮学生理解 steady 的含义。

T: The race was about to start. Tiger said to Cat again. What did he say?

播放句子：Ready, steady, here we go!

T: Why he said "steady"? Did Tiger think he can finish the race?

T: Tiger was sure he would finish the race. Did Tiger think Cat can finish the race?

S: No, he didn't.

T: Maybe Tiger thought Cat's snail can't finish the line. So he said to Cat "steady". It means "don't stop in the race".

【设计意图】通过听的方式获取关键信息，然后通过谈论的方式理解 steady 的含义。

（2）At the beginning of the race.

让学生看第 8—9 页寻找信息，然后借助图片理解文字含义。

T: At the beginning of the race, who was first? Who fell behind? Read page 8 and page 9.

S: Tiger was first. Cat was last.

T: How was Cat's snail? How was Tiger's buggy? Can you read the sentence of the book?

请两组学生分别读出两个句子，语速或快或慢。

请两组学生分别为 Tiger 和 Cat 加油。

T: Tiger shot off like a rocket. Cat on her snail was very slow.
What do you want to say to Tiger? What do you want to say to Cat?

【设计意图】引导学生借助图片，理解句义。

（3）In the middle of the race.

让学生阅读故事第 10—11 页，寻找关键信息。

T: Cat on her snail was very slow. But did she stop in the race? Did she go on steady? Read page 10 and page 11.

T: Did Tiger go on steady in the race?

S: No.

T: What happened? Can you read?

S: Tiger stopped and saw a dragonfly. At the same time, Cat went on all steady.

T: Did Tiger see Cat's going by? No.

播放句子：Tiger missed her going by. 让两组同学分别为Cat和Tiger加油。

T: What do you want to say to Tiger? What do you want to say to Cat?

让学生带着问题，自己读，寻找答案。

What did Tiger do then? Read page 12 and page 13 try to check these sentences.

★ Tiger shot off like a rocket then.

Yes　　No

★ Tiger was sure he would win.

Yes　　No

T: Tiger shot off like a rocket then.

S: No, he day-dreamed.

T: He thought he was the winner. He sat there with a happy grin.

T: Tiger was sure he would win.

S: Yes, he went off in his buggy, sure as ever he would win.

（4）At the end of the race.

让学生快速找出比赛结果，然后通过阅读找出 Cat 获胜的秘诀。

T: Who won the race? Can you read?

S: Cat said: "I win!" Tiger said: "Oh no!"

请学生分角色扮演并模仿语气。

T: What was the secret?

学生读出 14 和 15 页中的文字。

Slow and steady is the secret.

Slow and steady never fails.

Slow and steady beat the buggy.

【设计意图】让学生带着问题自己读故事，寻找关键信息，尝试结合插图理解语言。

Stage 3 Practice the Story

1. Read the story.

学生完整地读一遍故事。

2. Summary the story.

根据板书中的示意图，回顾故事。

3. Listen and repeat.

Stage 4 Talk About the Story

教师呈现问题：Do you like the story? If you were Tiger, can you win the race? How would you do in the race?

【设计意图】通过角色体验的方式让学生结合故事情景表达观点，强化理解。

家庭作业

Read the story or read the story *The Tortoise and the Hare*.

学习效果评价设计

本堂课中，教师始终将激励性的语言评价贯穿于整个教学过程，恰当地运用 good, very good, you are smart, good boys/girls 等给予学生评价，注重培养和激发学生学习的积极性和自信心。

通过观察学生参与故事学习中各个环节的表现，教师及时地评价学生的表现，如“What a joke!”模仿语气说一说的环节，对学生的表现及时鼓励。

两组同学分别给Cat和Tiger加油，教师根据学生的参与度及时地进行鼓励。

二、案例点评

这个教学设计是《领先阅读 · X 计划》4 级中的 *The Race*，故事讲述了两个孩子 Tiger 和 Cat 分别骑着 buggy 和 snail 赛跑的故事。故事的发展类似于龟兔赛跑，最后骑蜗牛的 Cat 获得了比赛的胜利。在设计中教师努力尝试通过预测、推测、师生讲故事、学生独立阅读故事等多种方式引导学生学习故事。整个设计体现了教师对学生情感态度价值观、阅读技巧和语言思维能力的培养。

教师的教学设计完整。首先教材分析非常规范。教师对文本的梳理清晰，不仅介绍了故事的主要内容，还介绍了作者为什么要写这个故事，以及故事是如何呈现的。其次，在学情分析上，教师不是基于经验对学生进行描述，而是进行学前调查，收集数据，加以分析统计，让教师能够更加系统、科学又准确地掌握学生的喜好。好的文本分析和学情能够很好地帮助教师制定教学目标和设计教学步骤，这是做好教学设计的基础。

本教案是一个详案，呈现了教师教学的全部过程，包括教师的指令语、学生有可能的回答等。在读前活动中，教师在语境中处理了几个非常难的生词，比如 buggy 等，这样就扫清了学生阅读过程的障碍，让学生在阅读中把更多的精力放在对意义的理解上。本教学设计的一个最大的特色是读中活动，读中设计非常巧妙和有新意。为了让学生更好地融入故事情景，教师设计让学生分成两组给 Tiger 和 Cat 加油的学习方式，使学生从读者、旁观者变成参与者，让他们身临其境地感受比赛。这样的设计激发了学生参与阅读的热情，他们用英语更真实地表达自己的观点，不是单纯地为了练习语言而表达。这一学习方式渗透了故事学习的全过程，帮助学生有效地和故事文本进行了互动，有利于学生建构知识，加深理解。

在读后活动设计中教师没有过多地强调比赛的输赢，而是侧重引导学生感受比赛的过程。在体会 steady 一词含义的同时，很自然地引入到了 Cat 成功的秘诀，培养了学生的情感态度价值观，真正达到了通过阅读故事，发展人文素养的目的。

这是一个非常优秀的教学设计，充分体现了教师对英语学科核心素养的关注，清晰地展现了学科核心素养在阅读课堂教学中是如何落实的，即基于学生的真实生活经验，引导学生在读故事的同时，发展语言能力，提高学习能力、思维品质和文化品格。

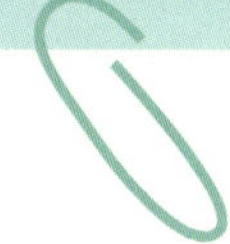

教学案例9

Mojo and Weeza and the Funny Thing
《大猫英语分级阅读》4 级

一、教学设计

分级绘本标题	*Mojo and Weeza and the Funny Thing* 《大猫英语分级阅读》4 级
设计者	张丽丽
学生年级	小学四年级

指导思想与理论依据

《义务教育英语课程标准（2011 年版）》指出英语课程承担着培养学生基本英语素养和发展学生思维能力的任务；语言技能的二级目标中指出能借助图片读懂简单的故事或小短文，并养成按意群阅读的习惯，能正确朗读所学故事或短文。此外，英语课堂应根据教和学的需求，提供贴近学生、贴近生活、贴近时代的英语学习资源，积极利用音像、广播、电视、书报杂志、网络信息等。

英语学科的核心素养结构包括：语言能力、学习能力、思维品质、文化意识。语言能力指借助于语言以听、说、读、看、写等方式理解和表达意义的能力；思维品质指人的思维个性特征，反映其在思维的逻辑性、批判性、创新性等方面所表现的水平和特点。英文绘本具有直观性与形象性，是贴近学生生活的学习资源。它能潜移默化地激发学生的阅读兴趣，启发他们的思维，培养他们的批判性思维，提升学生英语学习效率。

本课为绘本阅读课，主要的设计思路为引导学生在关注文本知识（书名、作者、绘者）的基础上，根据 characters—setting—problem—solutions 的顺序了解故事发生的背景、主人公及他们遇到的问题，并跟随主人公一起去探究问题的答案。

教学背景分析

（一）教学内容分析

本课所授内容 *Mojo and Weeza and the Funny Thing* 为《大猫英语分级阅读》4 级 1 中的故事，本课为第 1 课时。故事中有两个主人公——小猴子 Mojo 和 Weeza。他们发现了一个自己不认识的物体——伞，故事主要讲述了他们对这个物体的探究过程。他们认为它是船、火箭、降落伞、帐篷和浴盆，却未想到是用来遮雨的伞。故事幽默有趣，有利于激发学生的想象力。故事的语言结构重复，如主人公在探究 funny thing 的过程中多次重复“I know what it is! It’s a... They... but it...”，绘本整体难度不大。

（二）学生情况分析

本课的授课对象为小学四年级学生，年龄在 10 岁左右。他们从一年级开始学习英语，具备一定的拼读水平，养成了一定的英语学习习惯。学生们使用的教材为北京版小学英语，主要以会话形式学习语言。他们乐于学习绘本，能熟练地找到绘本的作者、绘者等文本信息，能够在教师的带领下使用图片环游学习绘本，能根据教师的引导推测故事的发展并能基本阐述自己对书中人物或情节的看法，具有较高的学习兴趣。

（三）教学方式和手段

教师引导学生通过情景体验、图片环游、问题讨论、音视频辅助、道具演示、表演等方式为学生创设轻松有趣的学习氛围。

阅读策略：1. 激活与书名相关的背景知识。

2. 带着问题阅读，在阅读中寻找答案。

3. 根据图片或上下文猜测词意。

（四）教学用具

单词卡片，教学课件，伞

教学目标及教学重难点

教学目标

- 能理解故事的主要情节并列举出现的五种物品。
- 能描述图片中发生的事情并表演部分故事。
- 理解故事中人物为什么会把伞当作船、火箭等。

教学重点

- 能理解故事情节，推测故事的发展。
- 能基本正确地朗读故事及表演其中的部分故事情节。

教学难点

- 谈论主人公还可能会把伞当作什么物品。
- 运用“I know what it is! It's a… They… but it…”，猜测物品是什么。

教学过程

读前活动

热身，预教词汇（6 分钟）

1. 教师展示各种雨伞的图片，请学生说一说什么时候使用雨伞。

T: What are they? When do you use umbrellas?

2. 教师出示小鼹鼠的图片，让学生想象一下小鼹鼠会用伞来做什么。

T: Who is it? What will the mole do with the umbrella?

3. 播放动画片《鼹鼠的故事——鼹鼠和雨伞》片段，学习 parachute, boat, float。

parachute　　boat float

【设计意图】教师出示雨伞图片并询问学生在什么情况下使用雨伞，通过教师提问来激活学生生活经验。教师引导学生预测鼹鼠将怎样利用雨伞，再播放视频以激发学生的学习兴趣，鼓励学生参与问答，为学习绘本做好准备。

读中活动

▶ 预测故事（6 分钟）

1. 出示封面，了解书名、作者、绘者。

T：What's the title? Who is the writer/illustrator?

2. 介绍主人公 Mojo 和 Weeza，预测故事。

T：Who is Mojo?（板书：贴 characters）

How do you know? (M is for Mojo, W is for Weeza.)

What are they looking at?

Do they know it's an umbrella?

What will happen in the story?

【设计意图】通过引导学生关注绘本的书名、作者、绘者等信息，让学生获取有关这本书的文本知识；通过关注封面上的主人公，让学生预测故事情节，培养学生读前预测的阅读策略，激发和调动学生的阅

读兴趣。

➤故事教学（12 分钟）

1. 了解故事发生的背景和主人公遇到的问题（绘本第 2 页）。

（1）揭示背景（setting）。

T: Where were they?（板书：贴 setting）

让学生猜一猜猴子看到 funny thing 后会说什么。

T: Mojo and Weeza found a funny thing. Look at their gestures. What would they say?

（2）揭示问题（problem）。

T: What is the funny thing?（板书：贴 problem）

T: What did they think it is?

2. 自主阅读，探究答案。

学生读第 3—10 页，找到猴子们猜测的伞的用途，完成 Task1。

3. 了解猴子们猜测的具体细节，检查答案（板书：贴 solutions）。

（1）Mojo 认为 funny thing 是船。

T: What would Mojo say? (It's a boat.)

Why did he think it's a boat? How did they know it's not a boat? Why does the mole's boat float?

（2）Weeza 认为 funny thing 是火箭。

观看 rocket 视频。

T: What would Weeza say? (It's a rocket.)

Why did he think it's a rocket?

What did they do?

Were these animals scared?

How did they know it's not a rocket?

（3）Mojo 认为 funny thing 是降落伞。

T: What would Mojo say? (It's a parachute.)

Why did he think it's a parachute?

What did he do?

How did they know it's not a parachute?

（4）Weeza 认为 funny thing 是帐篷。

T: What would Weeza say? (It's a tent.)

What can you do with the tent?

What did he do then?

How did they know it's not a tent?

（5）订正答案。

猴子们猜测 funny thing 为 tent, boat, parachute, rocket。

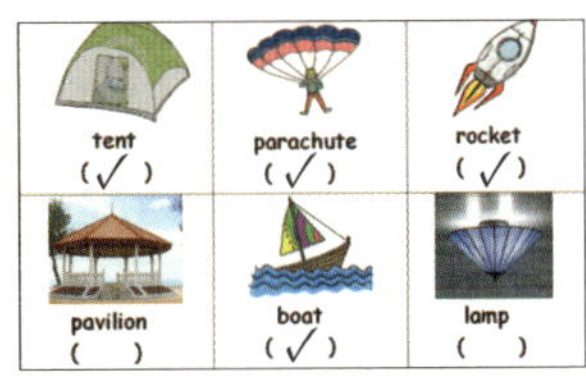

4. 呈现故事结尾。

教师出示第 11 页图片，预测情节发展，询问天气状况，让学生猜一猜下雨后猴子们是否能猜出 funny thing 的用途。

T: What was the weather like? (It's raining.)

What would Mojo say? Why?

What did Weeza think?

So, at last, what did they think it is? (It's a bath.)

5. 总结故事中出现的 5 种物品。

T: Can you tell me five things you have learned from the story?

让学生说出 funny thing 到底是什么。

T: What is the funny thing? (It's an umbrella.)

【设计意图】通过自主阅读与提问，培养学生的观察力和想象力；通过利用实物、播放视频、展示图片，引导学生了解故事的主要内容，理解故事中主要词汇的意义；通过引导学生讨论预测、回答问题，鼓励学生课堂参与。

➤ 语言内化（8 分钟）

1. 让学生利用板书上的流程图复述并总结故事。
2. 学生跟随录音一起读故事。
3. 连线练习，订正答案。

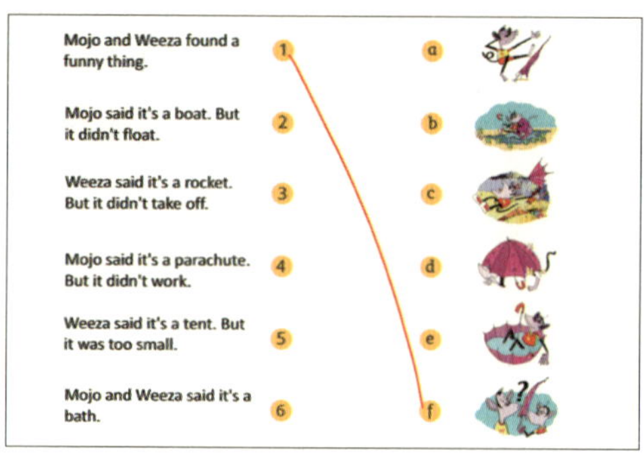

【设计意图】通过利用流程图复述，培养学生归纳总结故事信息的能力；通过跟读故事，让学生把声音和词形联系起来；通过连线练习，进一步内化语言。

读后活动

➤ Read and Act

学生选择任务并完成：表演部分或全部故事。

➤ Think and Talk

学生讨论并回答：What other things may they think the umbrella is?

➤ What Is the Funny Thing?

1. 出示两幅图片，学生 pair work 讨论是什么。
2. 揭示答案。

【设计意图】通过引导学生讨论和回答，启发学生的思维，鼓励学生的探索意识和精神；通过引导学生猜测物品，激发学生的想象力。

家庭作业

1. 熟读故事。
2. 续编一个故事情节。

板书设计

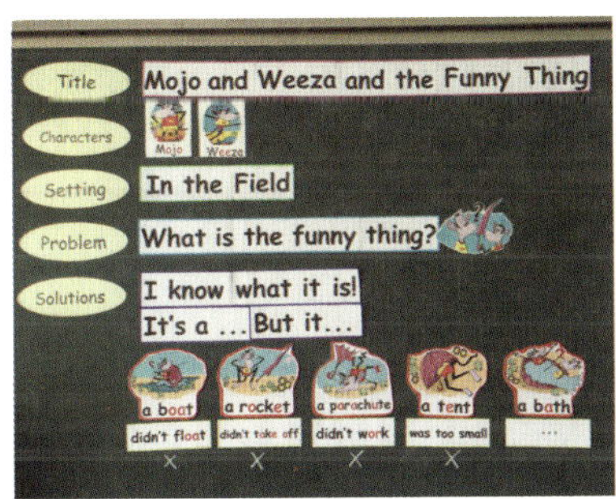

学习效果评价设计

- 教师通过体态语言、口头激励等方式激励和评价学生，促进教学。
- 教师通过追问，进一步挖掘信息。
- 教师通过引导学生阅读绘本、表演绘本等活动，评价学生是否达到教学目标。

本教学设计与以往或其他教学设计相比的特点

1. 在学习过程中，教师注重挖掘学生的真实想法，多次提问以 Why 和 How 引导的问题，使学生预测故事的发展，启发学生的思维。

2. 教师在板书中清晰明了地体现出 title, characters, setting, problem, solutions 组合而成的思维导图。学生可以根据板书中图片及文字的提示，能够简单地复述故事的发展，有利于完成教学目标。

3. 本课有效利用了多媒体视频资源，在授课的过程中帮助学生理解单词的含义，辅助教学。

二、案例点评

本节课围绕《大猫英语分级阅读》系列 4 级 1 的 *Mojo and Weeza and the Funny Thing* 展开设计，属于小学英语中高年级的故事类教学。这是一个详细的教案，很好地记录了教学的步骤，并且每一个步骤都写了设计意图，让教师能够比较清晰地读懂整个教学过程。

本节课教师采用的是图片环游的教学模式，师生分享阅读，教师对文本深入挖掘，整个教学围绕着“两个小猴子猜雨伞是做什么的”这条意义主线进行。在教学过程中教师特别重视激发学生的好奇心，不断设计让学生猜测的问题，让学生展开想象，调动学生参与的积极性。教师还通过让学生对图片进行仔细的观察，培养学生的观察能力和视觉素养。教师在教学中设计了一系列幽默风趣的环节，紧紧抓住学生的注意力和兴奋点，让学生感觉身在故事中，整节课都在设身处地地为两个顽皮猴想办法。教师利用各种提问启发学生思考和想象，培养深层次的思维能力，学生在这个过程中有丰富且有想象力的语言产出。

本节课的教学过程严谨，活动设计的主线清晰，每个活动的设计都有很强的目的，活动之间联系紧密，层层递进。教师先在导入阶段巧妙地使用鼹鼠的故事动画视频来铺垫故事中涉及的比较难的单词，比如parachute, boat, float, umbrella 等，减轻后面阅读的压力。在阅读前引导学生了解书的文本知识，并预测故事的发展。在读中阶段，教师利用各种方式让学生展开阅读，有教师引导，有师生共读，也有学生自主阅读，让学生深刻理解故事中的意义，并和两个猴子一起对雨伞展开各种想象。在读后阶段，学生有基于故事的表演，也有对一些物品的猜测想象。学生认真思考，积极想象，在猜物品的时候将所学的知识自然地迁移，在积极回答问题的同时，巩固本节课所学习的重点语言。

本节课另一个非常显著的特点是板书设计。教师利用 characters, setting, problem, solutions 等几个方面带领学生将文本进行了非常好的梳理和归纳，学生边阅读，边探究，边挖掘，教师同时在黑板上建构，故事读完之后，板书比较清晰地梳理了故事的整体结构，学生也利用板书对故事的情节和结构有了更加清晰的认识。

本教学设计是一个非常优秀的设计，很好地体现了英语学科的核心素养，学生在学习语言的同时，发展了自主学习能力，文化品格和思维品质。

教学案例 10

Flying High
《领先阅读 · X 计划》5 级

一、教学设计

分级绘本标题	*Flying High*《领先阅读 · X 计划》5 级
设计者	霍文保
学生年级	小学五年级

教材分析

故事 *Flying High* 选自外语教学与研究出版社出版的《领先阅读 · X 计划》系列读物的第 5 级，是国家级课题“中国中小学英语分级阅读体系标准研制”的指定用书。

Flying High 是一个原汁原味的英文读本，讲述的是女孩 Cat 和男孩 Tiger 比赛的故事。Cat 借助蜻蜓，Tiger 借助飞行器，发生了一些有趣的事情。故事跌宕起伏，充满了悬念，满足了学生的好奇心和求知的欲望。同时，故事书配有生动的图片，在一定程度上降低了阅读难度，吸引了学生的兴趣。

学情分析

授课对象是五年级学生，他们具备了一定的英语学习基础和英语学习能力。对学生调研时发现：学生比较喜欢阅读图文并茂的绘本，对动物类题材的故事比较感兴趣。但是就整体而言，学生的英语阅读体验多为教材课本中出现的故事，对英文绘本的阅读体验比较有限。前期的试讲以及与学生的课后访谈中教师发现：学生能够大致理解并读懂比赛的过程大意，但是对比赛的细节在理解上有偏差，其中一些比较生僻的词汇如 dragonfly, micro-copter 等给学生的理解带来了一定的难度。

教学目标与教学重难点

教学目标

- 能够猜测、复述故事大意，如主要人物、事件、比赛工具等。
- 能够猜测故事情节的发展过程，如故事的转折点。
- 能够猜测故事细节，如人物心理活动、言语、行动等。
- 能够对故事提问，总结评价故事。

教学重点

能够对故事的细节，如比赛工具、人物的语言进行想象和预测。

教学难点

能够对故事提问，总结评价故事。

教学用具

故事书，多媒体课件，动物图片，词卡

教学过程

读前活动

1. “木头人”游戏（Frozen Game）。

师生一起进行“木头人”游戏，教师发指令，全班做游戏。教师说一个词或短语，如 jump，sleep，open your mouth, say hello，clean blackboard，eat, flying high 等，学生重复该单词并做动作。教师突然转身，学生马上停止说话和动作，变成“木头人”，没有及时变成木头人的就算输了，必须坐下。第二遍，教师不说话，出示单词卡片，学生读出该单词并做动作，比如 swim，hop，cry，zoom，zigzag，fly，当教师收起词卡，学生需要变成“木头人”。

【设计意图】该活动既帮助学生复习、激活动词，又引出课文新词，充分调动学生的情绪，活跃了课堂气氛，并为以后的创编故事做准备。

2. 激活已知。

教师引导学生说出会飞的事物：Can you fly in the sky? What can fly?

学生可能会说出以下学过的单词：a plane，a balloon，a helicopter，a bee，a sparrow，a swallow，an eagle…（教师可以将准备好的图片贴到黑板上，如果没有就用简笔画画出来）

【设计意图】激活学生已知的会飞事物，为学生对故事的猜测做好准备，营造轻松的课堂氛围，为接下来愉悦、轻松的阅读做好铺垫，并为以后创编故事中的飞行工具做准备。

读中活动

1. 理解故事梗概，激发比赛工具的思考（characters, setting, problem, ending）。

教师引入故事主人公，并利用几幅关键图引导学生观察图片、理解故事梗概、预测故事情节等。

T: In this story, there are 2 children. The girl is Cat. Let’s say hello Cat. What’s the boy’s name? Tiger. Tiger and Cat were playing outside. They had special buttons on their watches. What could happen when they pressed them? Let’s have a look.

T: Small Cat and small Tiger, a very big world. Great! What were they doing? Let's see together.

T: What did they say?

T: Who said "I won"?

T: Cat said "I won". Cat was Number 1. How did Cat feel?

T: What did Tiger use for the race?

T: What could Cat use for the race? Work in pairs.

T: What did Cat use for the race?

T: Cat could sit on a dragonfly. How could she?

T: Where did they have the race?

T: What could be in the water?

【设计意图】Cat 和 Tiger 虽然是两种动物的名称，但也是本故事中两个主人公的名字。教师提前介绍可以让学生明白这只是两个主人公的姓名，降低阅读的难度。另外，这个故事都是描述主人公变小以后的活动，提前介绍可以突出这个情境。教师抽取几张具有代表意义的图来介绍，设疑，对故事的梗概做出预测，猜测比赛工具并感受比赛场景。

2. 预测故事发展。

教师带领学生预测比赛中可能遇到的困难和问题。

T: Cat can sit on a dragonfly. What troubles could they meet? Work in pairs.

T: What's your favorite? Let's vote and raise your hand. What did they meet in our story? Let's enjoy.

【设计意图】这一部分主要描述比赛过程中发生的一些情况，通过暗示蜻蜓和飞行器的性能，激发学生对比赛过程可能碰到麻烦的思考，激发学生的想象力。另外通过激发同学们的思考，了解班内同学最喜欢的故事发展趋势，同时顺势引出故事中两个小孩碰到的两个麻烦蜜蜂和黑鸟，让学生明白故事的两个转折点，并为以后创编故事做转折点思考的准备。

3. 理解故事细节。

教师带领学生就故事的细节展开讨论和学习。

T: Look at the large bee, the same size as Cat. Why?

T: Look at the bee. What's on here? Is there something scary?

T: When the bee touches your face, how do you feel? What can you say or do?

T: If the bee can talk, what could he say?

T: Let's make a dialogue. Who wants to be the talking bee? Who wants to be Cat?

T: Who won the race? What did Tiger say after he heard "I won"? What else did Tiger say? Is there anything wrong? Do you feel good? Do you think Tiger is considerate? He is like an elder brother. He cares not only the race, but also others.

【设计意图】这一部分主要描述比赛发生的一些情况，教师通过情景提问，强调蜜蜂的特点，让学生体会当时场景，并巧妙设置一只talking bee 和 cat 对话，两人小组对话展开想象，解决故事中的危险，并理解和想象故事情节。

读后活动

1. 比较人物。

教师引导学生比较两个主人公，并给出喜欢或不喜欢的原因。

T: Cat and Tiger who do you like better? Let's vote. Tell me why.

【设计意图】再次投票，发现同学们喜欢的主人公，培养学生关爱他人的品格。

2. 总结梳理故事。

教师带领学生通过提问的方式总结复习故事。

T: Can you ask some questions about the story with who, what, where, how, why?

【设计意图】学完故事后，启发学生梳理故事，培养学生理性学习；把读故事的主动权全部交给学生，让学生设问，学生回答，培养学习的主体性；同时，也能够了解学生对故事的关注点和兴趣点。

3. 评价和创编故事。

教师带领学生评价该故事并进行自主创编。

T: Is there anything you like about the story?

T: Is there anything you don't like about the story?

T: If they race back, from here to there, what could they use, what could they meet or what could they do or say? Make up a new story.

【设计意图】对故事的简单评论是学生阅读后内化的过程，学生间的观点分享也可以再次加深学生对故事的思考；由于语言和故事有限，通过引入故事，课后给学生充足的时间，学生可能创造出更加有趣的作品。

家庭作业

1. 熟读故事。

2. 完善自己创编的故事。

板书设计

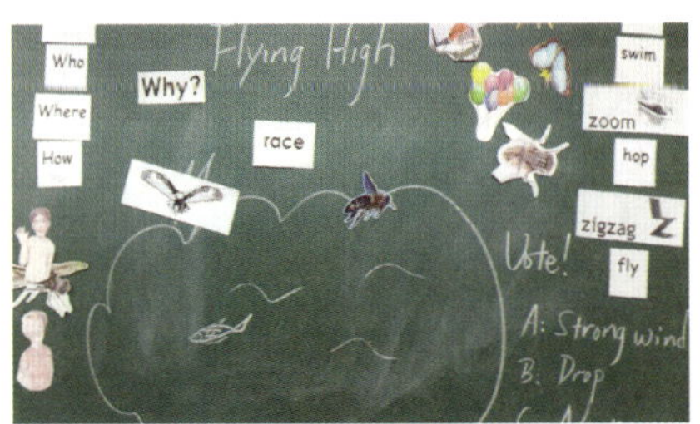

二、案例点评

本课围绕绘本故事 *Flying High* 展开设计，抓住故事主角 Cat 和 Tiger 比赛的问题，利用悬念与冲突，通过预测、探究和实证推进故事教学。教师主要通过“读故事梗概——读故事过程——读故事细节——对故事进行评价”这一教学流程来完成教学。故事阅读首先要让学生理解故事梗概，对故事的人物、起因和结局有个基本的了解；然后要理解故事过程，对故事的转折点、矛盾点和冲突点有清晰的把握；更要理解故事细节，对故事的旁白、故事人物的心理活动等不易发现的内容进行挖掘；最后是对故事进行评价，如体会故事所蕴含的道理，作者写作的立场、态度等。四个部分层层递进，沿着思维的深度不断推进。这样的教学思路比较适合高年级的故事教学，学生学习故事的目的不只是语言本身以及对故事情节和人物的把握和理解，还有对思维的激活。教师在设计中，通过默读、分角色读、跳读、自主阅读等多种阅读方式，增强学生与文本的互动机会，在情境中理解语言，体会情感，并发展语言。教师还通过全班分享和小组活动，培养学生的创造力和合作能力，通过鼓励学生对故事提问，总结评价故事，培养学生主动学习、理性学习。

本教学设计以悬念推动情节，通过多层次提问，让学生为故事所吸引，引发学生想象与思考，激发学习兴趣，给学生提供了一次难忘的学习体验。

第五章
结　语

阅读是一项重要的核心素养。十年树木，百年树林。教育的本质在于改变个体的特质，在于增长个体的知识、见解、思想、信仰、价值体系和行为品格（曹晚红，2013）。这些特质其实就是素养。从全球范围来看，国际组织和不同国家所提出的核心素养虽然表述不尽相同，但都指向一些共同素养，如创新能力与创造力、审辩式思维、分析问题和解决问题的能力、信息素养、国际视野、沟通与交流、团队合作、社会参与（责任）、自我规划与管理等。这些素养的选取都是为了适应信息化所带来的新世纪挑战，也反映了当下世界经济与科学发展的最新要求。人类步入信息时代，接收和处理信息的方式产生了巨变，这是21世纪核心素养形成的主要基础。信息的处理本质上就是一种阅读模式，这表明人类的阅读方式也需要改变，阅读教学更要适应时代步伐，与时俱进，培养时代所需的阅读素养。

国内外的阅读研究均表明，分级阅读教学对小学生英语阅读素养的发展具有显著意义。Krashen（2004）在 *The Power of Reading* 一书中列举了分级阅读教学对儿童语言和全人发展的积极作用。阅读不仅能培养阅读素养，更能丰富人的心灵，激发人的想象力，拓宽人的视野，使人更容易理解他人，更富于同情心，也更具有判断力。对于审美观、道德观、人生观正处在形成期的小学生来说，阅读的作用尤其重要。优秀的作品往往会借助于各种方式，传达人类社会的共同准则：正直、勇敢、忠诚、互助，表达人类美好的感情以及对美和理想的永恒追求。

发挥英语阅读的积极作用关键在于教学。近几年，在小学英语阅读教学的改革浪潮中，教学得到了很多改进。然而，挑战仍然存在。教师需要坚持理念，不断实践。在小学开展英语分级阅读教学时应注意以下几点：

一、兼顾阅读素养各要素。教师应结合学生的心理和年龄特点，以及他们的英语语言水平，在培养阅读素养的过程中，统筹兼顾阅读素养的各要素。例如，在低年级，当学生尚未形成系统的文本概念和音素意识时，教师应首先引导学生熟悉英语读物的阅读顺序，通过封面、标题、封底、扉页的认知活动帮助学生建立文本概念，为学生学习词汇奠定基础；在学生积累一定的英语语言知识后，教师可以加强拼读单词和认读句子的训练，拓展学生的视觉词汇能力，为流畅阅读扫清障碍；英语国家社会文化背景知识的学习应贯穿小学各阶段，循序渐进。此外，教师应随着学生的年龄增长，逐步加大他们的阅读量，把阅读兴趣和良好阅读习惯的培养始终作为阅读教学的重点。

二、着重培养阅读品格。积极的阅读体验是阅读素养发展的必要条件。在小学英语阅读教学中，教师应从发展学生的阅读兴趣入手，避免过多地检查阅读理解，或者进行词汇、语法测试，而应为学生提供充分的阅读时间和阅读指导。教师可通过组织图书推介会、故事会或故事创作会等方式提高学生的阅读参与度，激发学生内在的阅读动机，即对英语阅读本身的喜爱[1]。

三、坚持课内外阅读相结合。英语阅读素养的发展是一个持续过程。我国小学英语教学的时间有限，教师需要结合课内外阅读，为学生英语阅读素养的持续发展奠定良好的基础。传统的课外阅读主要指教师布置的读后作业。教师需要突破这种传统的教学思维，鼓励家校合作，创建阅读角或绘本阅览室，为学生提供良好的阅读生态，提高他们对英语阅读的主动投入。

四、实现阅读的多重目的。英语阅读不仅仅是为了学习语言，还是为了拓展知识、参与社会活动和进行娱乐。在选择读物时，教师应考虑学生的年龄和心理特征，结合阅读情境和目的选择学生喜爱并能读懂的读物。在阅读教学中，教师应提供独立阅读、分享阅读和合作阅读等多种机会，设计多样的教学活动以提高学生对文本、体裁、结构、写作方式的敏感度和批判性阅读的意识，鼓励学生模仿故事结构创造自己的故事，使学生成为自己故事的小作者和绘图者，与同学分享自己的作品。这可以使学生获得巨大的成就感，也是对他们的最好奖励。目前的小学英语课堂经常被跟读、齐读、小组读等各种朗读活动以及语言知识的讲解所灌满，鲜有自主阅读和读后讨论的机会。

五、阅读与表达相结合，通过表达促进阅读。阅读既是学习的内容，

1 该段摘自《中国外语教育》，2015 年第 1 期，16–24. 有修改。

也是学习的途径。英语阅读素养的提升能有效带动听、说、写等其他技能的发展。显然，英语阅读课更像是一门综合课程。对于我国小学生来说，英语阅读教学的目的主要是帮助他们学会读并且在阅读的过程中学习知识和锻炼技能，进而促进他们英语阅读素养的整体发展。阅读涉及一系列思维过程，需要学生进行积极地参与和表达。因此，在阅读教学中教师应该将阅读与表达相结合，通过表达促进阅读素养的提升。在教学中教师应做到以下几点：发展概括和逻辑推断能力，推动思维的深刻性发展；鼓励“举一反三”，发展思维的灵活性；冲破思维定式，设置语境，培养思维的创造性；培养分析、评析与反思能力，发展思维的批判性；限定条件解决问题，提升思维的敏捷性；巧用问题，促进思维的开放性；铺垫语言知识，促进新知识增长，优化认知结构。

我们一直在强调一点，即分级阅读是一个系统工程。想要让我国小学生受益于分级阅读，需要各领域的人员协同协作，开展交流，形成良好的发展共同体。2016 年 11 月，中国英语阅读教学研究院在北京成立。研究院由北京师范大学和外语教学与研究出版社联合创办，汇聚了国内外英语阅读教育专家学者的知识，深入研究英语阅读教学与评价模式，为教学和科研人员搭建专业化的研究发展平台，为学校和教研机构提供全方位的阅读教学解决方案，推动和组织国内外学术交流与合作，并积极探索数字时代英语阅读教学方法与评价模式的改革与创新，全面推动英语阅读教学研究与实践，服务于国家培养学生核心素养的战略需求。

这只是一个开始。我国英语分级阅读还需要很长一段路要走。首先，英语分级阅读标准刚刚颁布，还需要在实践中逐渐优化和调整。其次，英语阅读评价还未跟上阅读教学，建立科学的评价体系迫在眉睫。此外，英语分级阅读教学的理念还未被大范围接受，教学方法还需要进一步优化，从而让更多的小学生受益。我们希望本书能为广大小学英语教师、教研员和研究者在开展英语阅读研究或教学实践时提供一定的启示，为我国基础教育改革做出一定的贡献。

参考文献

1. Afflerbach, P., Pearson, P. D., & Paris, S. G. Clarifying differences between reading skills and strategies [J]. The Reading Teacher, 2008, 61(5): 364–373.
2. Aranha, M. Sustained silent reading goes east [J]. Reading Horizon, 1985, 39(2): 214–217.
3. Aronson, E., & Patnoe, S. *The Jigsaw Classroom: Building Cooperation in the Classroom (2nd ed.)* [M]. New York: Addison Wesley Longman, 1997.
4. Betts, E. A. *Foundations of Reading Instruction* [M]. New York: American Book Company, 1946.
5. Bloom, B. S. *Stability and Change in Human Characteristics* [M]. New York: Wiley, 1964.
6. Brewster, J., Ellis, E., & Girard, D. *The Primary English Teacher's Guide* [M]. London: Penguin, 1992.
7. Birmingham, K. S. The effect of sustained silent reading on high school students' lexile scores and attitudes toward reading [D]. Kansas: Wichita State University, 2006.
8. Blanton, L.L. A holistic approach to college ESL: Integrating language and content [J]. *ELT Journal*, 1992, 46(3):1–24.
9. Botel, M. A Comprehensive Reading Communication Arts Plan [EB/OL]. Retrieved from http://eric.ed.gov/, 1997.
10. Chall, J. S. *Stages of Reading Development* [M]. New York: McGraw-Hill BookCompany, 1983.
11. Cole, M. Cross-cultural research in the sociohistorical tradition [J]. Human Development, 1988, 31(3): 137–151.
12. Collins, C. Sustained silent reading periods: Effects on teachers' behaviors and students' achievements [J]. *Elementary School Journal*, 1980, 81: 109–114.
13. Cunningham, P. Best practices in teaching phonological awareness and phonics [C]. In L. B. Gambrell, L. M. Morrow, & M. Pressley (Eds.), Best practices

in literacy instruction (pp. 159–177). New York: The Guilford Press, 2007.

14. Chow, M., Dobson, L., Hurst, M., & Nucich, J. *Whole Language: Practical Ideas* [M]. Ontario: Pippin Publishing Limited, 1991.

15. Cline, R. K. & Kretke, G. L. An evaluation of long–term sustained silent reading in the junior high school [J]. *Journal of Reading*, 1980, 23(6): 503–506.

16. Coughlin, A. G. SSR: The strand that untangles the skein [J]. *Curriculum Review*, 1977, 16(5): 352–353.

17. Daniels, H. Literature Circles: Voice and choice in book clubs and reading groups [EB/OL]. http://www. stenhouse.com/0333.html, 2002.

18. Edwards, A. Let's get beyond community and practice: The many meanings of learning by participating [J]. *The Curriculum Journal*, 2005, 16(1): 49–65.

19. Ehri, L. C. Phases of development in learning to read by sight [J]. *Journal of Research in Reading*, 1995, 18: 116–125.

20. Ehri, L. C. Learning to read in English: Teaching phonics to beginning readers from diverse backgrounds [C]. In L. M. Morrow, R. Rueda, & D. Lapp (Eds.), Handbook of research on literacy and diversity (pp. 292–319). New York: The Guilford Press, 2009.

21. Elley, W. B. *How in the World Do Students Read?* [M]. The Hague, Netherlands: IEA, 1992.

22. Elley. W. B., & Mangubhai, F. The impact of reading on second language learning [J]. *Reading Research Quarterly*, 1983, 19: 53–67.

23. Engeström, Y. Learning by expanding: An activity–theoretical approach to developmental research [J]. *Helsinki: Orienta–Konsultit*, 1987.

24. Engeström, Y. Developmental work reserac as educational research [J]. *Journal of Nordic Educational Research*, 1996, 16(5): 131–143.

25. Engeström, Y. Activity theory and individual and social transformation [C]. In Y. Engeström, R. Miettinen, & R, Punamäki (Eds.), Perspectives on activity theory (pp. 19–38). Cambridge: Cambridge University Press, 1999.

26. Engeström, Y. Expansive learning at work: Toward an activity theoretical

reconceptualization [J]. *Journal of Education and Work*, 2001, 14(1): 133–156.

27. Foorman, B., Francis, D. J., Fletcher, J. M., & Schatschneider, C. The role of instruction in learning to read: Preventing reading failure in at-risk children [J]. *Journal of Educational Psychology*, 1998, 90(1): 37–55.
28. Fountas, I., & Pinnell, G. S. *Benchmark Assessment Systems 1&2. (2nd edition.) Case Studies: Interpreting and Using Benchmark Assessment Data* [M]. Guangzhou: Heinemann, 2005.
29. Frith, U. Beneath the surface of developmental dyslexia [C]. In K. E. Patterson, J. C. Marshall, & M. Coltheart (Eds.), Surface dyslexia (pp. 301–330). London: Erlbaum, 1985.
30. Fitzgerald, L. Literature Circles: Linking literature and information literacy [J]. *Scan*, 1997, 16(3): 17–20.
31. Furr, Mark. *Stories for Reading Circles (Bookworms Club Bronze)* [M]. Oxford: Oxford University Press, 2007.
32. Gates, A. I. *The Improvement of Reading* [M]. New York: Macmillan Co, 1947.
33. Gough, P. B., & Tunmer, W. Decoding, reading, and reading disability [J]. *Remedial and Special Education*, 1986, 7: 6–10.
34. Grabe, W., & Stoller, F. L. *Teaching and Researching Reading* [M]. Beijing: Foreign Language Teaching and Research Press, 2005.
35. Gray, W. S. *24th Yearbook of the NSSE, Part I—Report of the National Committee on Reading* [M]. Bloomington, Ill.: Public School Publishing Co, 1925.
36. Gray, W. S., & Leary, B. E. *What Makes a Book Readable*? [M]. Chicago: University of Chicago Press, 1935.
37. Griffin, P., & Cole, M. Current analysis for the future [C]. In B. Rogoff & J. Wertsch, eds., Children's learning in the "zone of proximal development." New directions for child development. San Fransisco: Jossey-Bass, 1984.
38. Gardiner, S. Then minutes a day for silent reading [J]. *What Should We Teach*?, 2001, 59(2): 32–35.
39. Geertsen, H. Reed. Rethinking thinking about higher-level thinking [J].

Teaching Sociology, 2003 (31.1): 1–19.

40. Greef, E., Jenkins, Y., & Comer, A. The Power and the Passion: Igniting a love of reading through literature circles [C]. International Association of School Librarianship, 2002: 311–320.

41. Goodman, K. *Language, Literacy, and Learning* [M]. London: Routledge Kagan Paul, 1982.

42. Goodman, K. *What's Whole in Whole Language?* [M]. Ontario: Scholastic–TAB Publications Ltd, 1986.

43. Hafiz, F., & Tudor, I. Graded readers as an input medium in L2 learning [J]. *System*, 1990, 18(1): 31–42.

44. Harlin, R., Lipa, S.E., & Lonberger, R. *The Whole Language Journey* [M]. Markham : Pippin Publishing, 1992.

45. Ilg, F. L., & Ames, L. B. Developmental trends in reading behavior [J]. *Journal of Genetic Psychology*, 1959, 76(2): 261–312.

46. Jonassen, D., & Rohrer–Murphy, L. Activity theory as a framework of designing constructivist learning environments [J]. *Educational Technology Research and Development*, 1999, 47(1): 61–79.

47. Juel, C. Beginning reading [C]. In R. Barr, M. L. Kamil, P. Mosenthal, & P. D. Pearson (Eds.), Handbook of reading research (Vol. 2, pp. 759–788). New York: Longman, 1991.

48. Koda, K. *Insights into Second Language Reading: A Cross–linguistic Approach* [M]. Beijing: World Publishing Corporation, 2007.

49. Krashen, S. D. Do we learn to read by reading? The relationship between free reading and reading ability [C]. In D.Tannen (Ed.), Linguistics in context: Connecting observation and understanding (pp. 269–298). Norwood, NJ: Ablex Publishing Corporation, 1988.

50. Krashen, S. D. *The Power of Reading: Insights from the Research* [M]. 2nd ed. CA: Libraries Unlimited, 2004.

51. Kirby, M. The Effects of Weekly, Sustained Silent Reading Time on

Recreational Reading Habits and Attitudes in a 9th Grade English Class [EB/OL]. Retrieved December 27, 2013, from http://eric.ed.gov/?id=ED479485, 2003.

52. Krashen, S. D. *The Input Hypothesis: Issues and Implications* [M]. New York: Longman, 1985.

53. Learning Point Associates. *A closer look at the five essential components of effective reading instruction: A review of scientifically based reading research for teachers* [M]. Naperville, IL: Learning Point Associates, 2004.

54. Leont'ev, A. N. *Activity, Consciousness, and Personality* [M]. Englewood Cliff: Prentice-Hall, 1978.

55. Leont'ev, A. N. *Problems of the Development of the Mind* [M]. Moscow: Progress, 1981a.

56. Lanford, J. C., & Allen, E. G. The effects of USSR on students' attitudes and achievement [J]. *Reading Horizons*, 1980, 23(3): 194-200.

57. Law, Yin-Kum. The effects of cooperative learning on enhancing Hong Kong fifth graders' achievement goals, autonomous motivation and reading proficiency [J]. *Journal of Research in Reading*, 2011, 34(4): 402 - 425.

58. Malmeer, E. The impact of extensive reading programs on the pronunciation accuracy of EFL learners at basic levels [J]. *Theory and Practice in Language Studies*, 2013, 3(8): 1434-1439.

59. Mason, B., & Krashen, S. D. Extensive reading in English as a foreign language [J]. *System*, 1997, 25: 91-102.

60. Morgan, J., & Rinvolucri, M. *Once upon a Time: Using Stories in the Language Classroom* [M]. Beijing: Foreign Language Teaching and Research Press, 2012.

61. Mullis, I.V.S., Martin, M.O., Kennedy, A.M., Trong, K.L., & Sainsbury, M. *PIRLS 2011 Assessment Frameworks* [M]. Chestnut Hill, MA: TIMSS & PIRLS International Study Center, Boston College, 2009.

62. McCraken, R. A. Initiating sustained silent reading [J]. *Journal of Reading*, 1971, 14(8): 521-524.

63. McCraken, R. A., & McCraken, M. J. Modeling is the key to sustained silent

reading [J]. *The Reading Teacher*, 1978, 31(4): 406–408.

64. National Institute of Child Health and Human Development (NICHD). *Report of the National Reading Panel. Teaching children to read: An evidence-based assessment of the scientific research literature on reading and its implications for reading instruction: Reports of the subgroups (NIH Publication No. 00-4754)* [M]. Washington, DC: U.S. Government Printing Office, 2000.
65. OECD. PISA 2012 assessment and analytical framework: Mathematics, reading, science, problem solving and financial literacy [EB/OL]. (2016-03-29)[2017-01-02]. http://www.oecd.org/pisa/pisaproducts/PISA%20201 2%20 framework%20e-book_final.pdf.
66. Pearson, P. D., & Raphael, T. E. Toward a more complex view of balance in the literacy curriculum [C]. In W. D. Hammond & T. E. Raphael (Eds.), Literacy instruction for the new millennium, pp. 1–21. Grand Rapids, MI: Center for the Improvement of Early Reading Achievement & Michigan Reading, 2000.
67. Pfau, D. Effects of planned recreational reading programs [J]. *Reading Teacher*, 1967(21): 34–39.
68. Piaget, J. Intellectual evolution from adolescence to adulthood [J]. *Human Development*, 1972(15): 1–12.
69. Poulshock, J. Extensive graded reading in the liberal arts and sciences [J]. *Reading in a Foreign Language*, 2010(22): 304–322.
70. Paul, R., & L. Elder. *Critical Thinking: Learn the Tools the Best Thinkers Use* [M]. New Jersey: Pearson Prentice Hall, 2006.
71. PeterS, Gardner. *New Directions—Reading, Writing, and Critical Thinking* [M]. Cambridge: Cambridge University Press, 2005.
72. Rashidi, N. The effect of extensive and intensive reading on Iranian EFL learners' vocabulary size and depth [J]. *Journal of Language Teaching and Research*, 2011, 2(2): 471–482.
73. Rasinski, T. V. *The Fluent Reader* [M]. New York. Scholastic, 2003.
74. Rayner, S. *Fly Away Home* [M]. Beijing: Foreign Language Teaching and

Research Press, 2015.

75. Rueda, R. Cultural perspectives in reading: Theory and practice [C]. In M.L. Kamil, P. D. Pearson, E. B. Moje, & P. P. Afflerbach (Eds.), Handbook of Reading Research Volume IV (pp. 84–104). New York: Routledge, 2011.

76. Russell, D. H. 48th *Yearbook of the NSSE, Part II—Reading in the Elementary School* [M]. Chicago, Ill: University of Chicago Press, 1949.

77. Scribner, S. Vygotsky's uses of history [C]. In E. Tobach, R. J. Falmange, M. Parlee, L. Martin, & A. Scribner Kappleman (Eds.), Mind and social practice: Selected writings of Sylvia Scribner (pp. 241–265). New York: Cambridge University Press, 1997.

78. Share, D. L., Jorm, A. F., Maclean, R., & Matthews, R. Sources of individual differences in reading acquisition [J]. *Journal of Educational Psychology*, 1984, 76: 1309–1324.

79. Shin, F. Motivating students with Goosebumps and other popular books [J]. *CSLA Journal* (California Library Association), 2001, 25(1): 15–19.

80. Song, J., & Sardegna, V. G. EFL learners' incidental acquisition of English prepositions through enhanced extensive reading instruction [J]. *RELC Journal: A Journal of Language Teaching and Research*, 2014, 45(1): 67–84.

81. Schell, L. M. Dilemmas in assessing reading comprehension [J]. *The Reading Teacher*, 1988 (42):12–16.

82. Souvignier. E. , Julia Kronenberger. Cooperative learning in third graders' jigsaw groups for mathematics and science with and without questioning training [J]. *British Journal of Educational Psychology*, 2007(77): 755 – 771.

83. Tompkins, G. E. *Literacy for the 21st Century: A Balanced Approach* [M]. 5th ed. Boston, MA: Allyn & Bacon, 2010.

84. The Primary Framework for Literacy and Mathematic [EB/OL].[2014–12–01]. www.educationengland.org.uk/.../2006–primary–national–strategy.pdf.

85. The Common Core State Standards for English Language Arts & Literacy in History/Social Studies, Science, and Technical Subjects [EB/OL].[2014–12–01].

http://www.corestandards.org/ELA–Literacy.

86. Vygotsky, L. *Mind in Society: The Development of Higher Psychological Processes* [M]. Cambridge, MA: Harvard University Press, 1978.
87. Vygotsky, L. *Thought and Language* [M]. Cambridge: The MIT Press, 1986.
88. Weaver, C. *Reading Process: Brief Edition of Reading Process and Practice* [M]. 3rd ed. Portsmouth: Heinemann, 2009.
89. Yamashita, J. Reading attitudes in L1 and L2, and their influence on L2 extensive reading [J]. Reading in a Foreign Language, 2004, 16(1): 1–19.
90. Yeh, Stuart S. Tests worth teaching to: Constructing state–mandated tests that emphasize critical thinking [J]. *Educational Researcher*, 2001, (30): 12–17.
91. Yoon, J. Three decades of sustained silent reading: A meta–analysis review of the effects of SSR on attitude toward reading [J]. *Reading Improvement*, 2002, 39(4): 186–195.
92. 敖娜仁图雅 . 课堂情境下的低年级小学生英语阅读素养发展研究 [D]. 北京：北京师范大学，2015.
93. 敖娜仁图雅 . 中小学生英语阅读素养的内涵 [J]. 英语学习（教师版）（增刊），2016 (12): 7–11.
94. 巴拉图等 . 教育的艺术 [M]. 曹晚红，译 . 北京：中国友谊出版社，2013.
95. 卞晓明，钱小芳 . 阅读圈活动在小学英语绘本阅读教学中的应用 [J]. 中小学外语教学，2016 (6): 30–33.
96. 陈则航，罗少茜，王蔷 . 语言教学中的儿童文学 [J]. 中小学外语教学：小学篇，2010 (6): 1–4.
97. 陈则航，王蔷 . 在小学英语阅读教学中培养学生的批判性思维 [J]. 中小学外语教学，2016 (5): 1–5.
98. 国家新闻出版广电总局 . 全民阅读促进条例（征求意见稿）[EB/OL]. (2016–02–15) [2016–05–20]. http://www.gapp.gov.cn/news/1663/274862.shtml.
99. 高等学校外语专业教学指导委员会英语组 高等学校英语专业英语教学

大纲 [M]. 北京：外语教学与研究出版社，2000.
100. 国家中长期教育改革和发展规划纲要（2010–2020 年）[EB/OL]. [2010-03-01]http://www.china.com.cn/policy/txt/2010-03/01/content_19492625_3.htm.
101. 高一虹 . 外语学习木桶的“短板”—从一次失败的演讲谈起 [J]. 国外外语教学，1999 (3): 6–9.
102. 霍文保 . 小学英语绘本教学新思路探索 [J]. 中小学外语教学（小学篇），2016，(6): 34–37.
103. 何云峰 . 论批判性思维 [J]. 社会科学辑刊，2000 (6): 15–18.
104. 黄源深 . 思辨缺席 [J]. 外语与外语教学，1998 (7) :1.
105. 黄源深 . 英语专业课程必须彻底改革——再谈思辨缺席 [J]. 外语界，2010 (1): 11–16.
106. 黄娟，傅霖 . 切块拼接法（Jigsaw）: 一种行之有效的协作学习方式 [J]. 电化教育研究，2010.
107. 黄华新，濮方平 . 试论创新思维的基本构成与测试方法 [J]. 绍兴文理学院学报，2000 (3): 30–36.
108. 接力儿童分级阅读研究中心 . 接力儿童分级阅读指导手册（2010 版）[M]. 接力儿童出版社，2010.
109. 蒋琍 . Jigsaw 教学模式在五年制高职英语教学中的应用 [J]. 职业教育研究，2014.
110. 罗伯特·斯莱文 . 教育心理学（第 7 版）[M]. 北京：人民邮电出版社 . 2004.
111. 罗少茜，李知醒 . 持续默读在中小学英语教学中的应用 [J]. 中小学外语教学，2014 (11): 8–12.
112. 罗少茜，谢颖 . 合作拼图教学模式在阅读教学中的应用 [J]. 中小学外语教学（小学篇），2015.
113. 林崇德 . 思维心理学研究的几点回顾 [J]. 北京师范大学学报（社会科学版），2006 (5): 35–42.

114. 卢凌 .“整体语言教学”探索 [J]. 课程・教材・教法，2002 (8): 23-28.
115. 李莉文 . 试析英语专业技能课程与批判性思维能力培养的关系 [J]. 中国外语，2010 (6): 68-73.
116. 李莉文 . 英语写作中的读者意识与思辨能力培养—基于教学行动研究的探讨 [J]. 中国外语，2011 (8.3): 66-73.
117. 李静纯 . 小学英语故事教学 [M]. 北京：外语教学与研究出版社 . 2013.
118. 李兴勇 . 持续默读对高中生英语阅读能力的影响 [J]. 基础英语教育，2012 (3): 26-31.
119. 李凤英，贾振峰 . 基于 Jigsaw 的英语专业教学 [J]. 河北联合大学学报（社会科学版），2013 (7).
120. 鲁曼俐 . Jigsaw 模式在英语阅读教学中的运用 [J]. 中国科教创新导刊，2010 (4).
121. 牟金江 . 国内外英语读写技能综合教学与研究述评 [J]. 课程教材教法，2010 (3): 103-107.
122. 南方分级阅读研究中心 . 儿童青少年分级阅读水平评价标准 [N]. 人民教育，2009.
123. 南方分级阅读研究中心 . 儿童青少年分级阅读水平评价标准 [N]. 人民教育，2009.
124. 孙铁玲，叶娇，张文华 . 基于开放性问题的高中英语阅读教学行动研究 [J]. 基础英语教育，2010 (2): 34-40.
125. 覃修桂 .“整体语言法”述评 [J]. 外语界，1996 (2): 13-17.
126. 王蔷 . 领先阅读・X 计划学生包第 1 辑 [M]. 北京：外语教学与研究出版社，2012.
127. 王蔷 . 提高小学生英语阅读素养的理论与实践探索——基于全国教育科学“二十五”规划课题的研究 [J]. 英语学习，2015 (5): 40-44.
128. 王蔷，敖娜仁图雅 . 中小学生外语阅读素养的构成及教学启示 [J]. 中国外语教育，2015，(1): 16-24.
129. 王蔷，陈则航 . 中国中小学生英语分级阅读标准（实验稿）[M]. 北京：外语教学与研究出版社，2016.

130. 文秋芳 . 口语教学与思维能力的培养 [J]. 国外外语教学，1999 (2): 1–4.

131. 文秋芳，王建卿，赵彩然，等 . 构建我国外语类大学生思辨能力量具的理论框架 [J]. 外语界，2009 (1): 37–43.

132. 文秋芳，王海妹，王建卿，等 . 我国英语专业与其他文科类大学生思辨能力的对比研究 [J]. 外语教学与研究，2010 (5): 350–355.

133. 邢立君，任惠珍 . 整体语言法评介 [J]. 辽宁师范大学学报（社科版），1997 (2): 39–41.

134. 鄢家利，韩宝成 . 高中生英语课外阅读现状调查与分析 [J]. 教育导刊，2007 (12): 45–48.

135. 杨立民 . 关于英语精读课以及有关一些问题的想法 [EB/OL]. (2011–9–15) [2009–5–14]. Retrieved from http://hnist.cn/wyx/article.php/1394.

136. 中华人民共和国国务院 . 中国儿童发展纲要（2011–2020）[EB/OL]. (2011–08–05) [2016–05–20].http://www.gov.cn/zhengce/content/2011–08/05/content_6549.htm.

137. 中华人民共和国教育部 . 全日制义务教育普通高级中学英语课程标准（实验稿）[S]. 北京：北京师范大学出版社，2001.

138. 中华人民共和国教育部 . 国家中长期教育改革和发展规划纲要（2010–2020）[EB/OL]. (2010–07–29) [2016–05–20]. http://www.moe.edu.cn/publicfiles/business/htmlfiles/moe/moepublicfiles/business/htmlfiles/moe/moe_838/201008/93704.html.

139. 中华人民共和国教育部 . 义务教育语文课程标准(2011 年版)[S]. 北京 : 北京师范大学，2012a.

140. 中华人民共和国教育部 . 义务教育英语课程标准（2011 年版）[S] . 北京 : 北京师范大学，2012b.